# Educação ambiental:
## utopia e práxis

**Dados Internacionais de Catalogação na Publicação (CIP)**
**(Câmara Brasileira do Livro, SP, Brasil)**

Reigota, Marcos
 Educação ambiental : utopia e práxis / Marcos Reigota e
Bárbara Heliodora Soares do Prado (organizadores). – São Paulo :
Cortez, 2008. – (Coleção cultura, memória e currículo ; v. 8)

 Bibliografia
 ISBN 978-85-249-1435-5

 1. Educação ambiental 2. Educação ambiental – Metodologia
3. Educação ambiental – Pesquisa
I. Prado, Bárbara Heliodora Soares do. II. Título. III. Série.

08-06564                                                                    CDD-304.2

**Índices para catálogo sistemático:**
1. Educação ambiental    304.2

SÉRIE CULTURA, MEMÓRIA E CURRÍCULO

**volume 8**

Marcos Reigota
Bárbara Heliodora Soares do Prado
(organizadores)

# Educação ambiental: utopia e práxis

*Capa e Projeto Gráfico:* aeroestúdio
*Preparação de originais:* Liege Marucci
*Revisão:* Jaci Dantas
*Composição:* aeroestúdio
*Coordenação editorial:* Danilo A. Q. Morales

Nenhuma parte desta obra pode ser reproduzida ou duplicada sem autorização expressa dos organizadores e do editor.

© by Autores

Direitos para esta edição
CORTEZ EDITORA
Rua Monte Alegre, 1074 – Perdizes
05014-001 – São Paulo – SP
Tel.: (11) 3864-0111 Fax: (11) 3864-4290
E-mail: cortez@cortezeditora.com.br
www.cortezeditora.com.br

Impresso no Brasil – outubro de 2008

*Hora de enxugar o suor e experimentar
outra vez juntar os episódios todos,
refazer narrativa insensata, penetrar
uma vez mais nos labirintos
dos recomeços.*

Maria Lúcia Medeiros,
"Horizonte silencioso", p. 34

*Com a participação dos/das extensionistas rurais do Amapá:* Adilson de Souza Pimentel, Alberto Donato Pinheiro, Alexandre Carvalho, Alirio de Macedo Mory, Amélia Lopes do Amaral, Antonio Alves Mendes, Antonio Correa da Cruz, Antonio Ramos Maciel, Carlos N. da Rosa Garcia, Daniela Espindola, Dilberto Maia Rosa Garcia, Elenildo Barbosa da Fonseca, Erasmo Machado Mendonça, Geminelson Castelo Tourinho, Gilberto da Silva Oliveira, Glauderson Saraiva de Melo, Hamilton Simões de Sousa Júnior, Hermínio Morales Sandiford, Ivanoel Marques de Oliveira, Jinual da Silva, Sinval da Silva Rola, Joádson Rodrigues da Silva, João Francisco, Jorcy Francisco Santos, José Alves de Lima Neto, José Bosco Esteban de Souza, Jossy Wandro Mareco, Manuel Otávio Motta, Marcelo Soares de Sena, Maricilda Pena, Mario Artur Nunes Vitor, Mario Roberto Marinho de Oliveira, Mauricio Padresi Martani, Max Ataliba Ferreira Pires, Paulo de Tarso S. Tavares, Paulo Rogério Gomes Barreto, Rinaldo Ryan de A. Vieira, Rui Rodrigues Albuquerque, Sandro Pinheiro, Sérgio Irineu Caludino, Ueslei dos Santos, Vander Isaias Menezes dos Santos.

*E dos professores/as do Rio Grande do Sul:* Alexandre Canibal Machado, Ana Cristina Ribas Floresta, Ana Lucia Casarotto, Ângela Maria S. De Campo, Carla Beatriz Peres, Carme T. C, Michelin, Carmem Peracchi, Célio Luiz Dal Bosco, Claudete Vieira dos Santos Crestani, Eliane Simões da Silva, Elisabeth Maria Foschiera, Eneida Beatriz Lacerda, Regina, Erli Pithan da Silva, Iolanda Menezes Nunes, Izamir Selscia Grieber Raffaelli, João Valcenir Tomazin, Joceli Viadrigo, Dorvalino Cardoso, José Newton Canabarro, Joselei Maria Ortigara Dellagerisi, Kátia Kerber , Karen Adami Rodrigues, Kenya Ribeiro de Souza, Leonila Quartiero Ramos, Liane Maria Sulzbach, Lori Antônio Rodigheri, Lucia Inês Vieira Thesing, Regina Codevilla Soares, Luiz Carlos Tonetto da Silva, Maria Beatriz Brutto, Mariza Gomes, Maribel Hass de Toledo, Marta Hammel, Marina Gutierrez, Michele Cosseau, Noeli Aparecida Godinho Schinato, Milton Esmério, Selito Durigon Rubin, Solange dos Passos, Vera Lúcia de Lima Schuster.

# Sumário

Apresentação  11

1. Narrativas, narradores e viajantes pós-modernos  15
   Direção Norte  24
   As primeiras narrativas  28
   Sobre a educação ambiental  34
   Direção Sul  37
   As primeiras narrativas  39
   A educação ambiental para professores
     e professoras gaúchos  48
   Reencontros  54

2. Correspondências  58
   Carta de Dilberto Maia Rosa  58
   Carta de Elisabeth Maria Foschiera
     para Dilberto Maia Rosa  61
   Carta de Maurício Padresi Martani  67
   Carta de Ana Lúcia Casarotto
     para Mauricio Padresi Martani  72
   Carta de Hermínio Morales Sandiford  77
   Carta de Solange dos Passos
     para Hermínio Morales Sandiford  81
   Carta de Maricilda Pena  84
   Carta de Noeli Godinho Schinato para Maricilda Pena  88
   Carta de Rui Rodrigues Albuquerque  92
   Carta de Karen Adami Rodrigues
     para Rui Rodrigues Albuquerque  95
   Carta de Sergio Irineu Claudino  105
   Carta de Luis Carlos Tonetto da Silva
     para Sergio Irineu Claudino  109

Carta de Daniela Espindola Garcia  114
Carta de Vera Lúcia de Lima Schuster
   para Daniela Espindola Garcia  116

3. Bio:grafias: origens, conexões e fundamentos  120

4. Bio:grafias e a educação ambiental no cotidiano  131
   Michele Cousseau: nosso desafio é sair da
      ingenuidade, deixar o conservadorismo e propor
      alternativas sociais  136
   Kátia Kerber: nas barrancas do Rio Uruguai  142
   Selito Durigon Rubin: minha trajetória
      em educação ambiental  145
   João Valcenir Tomazin, de Vacaria: a importância
      das aves em nossa região  148
   Maribel Haas de Toledo, de Erechin: o conflito
      vivido  152
   Marina Gutierrez: dos sonhos, dos limites,
      das afinidades e das possibilidades...  155
   Erasmo Machado Mendonça: Cutias do Araguai,
      onde nasci e cresci  157
   Joadson Rodrigues da Silva: o Laranjal do Jari  160
   Gilberto da Silva Oliveira: Porto Grande,
      onde a vida flui naturalmente  162
   Marcelo Soares de Sena: a malária, um problema
      de saúde pública  164
   Max Ataliba Ferreira Pires: chegamos ao Oiapoque!
      A educação nas comunidades indígenas  167

5. Cultura, meio ambiente e política  171

Referências bibliográficas  197

# Apresentação

São milhares de quilômetros que separam o Oiapoque do Chuí. Esses dois extremos do Brasil se aproximam neste livro, através do diálogo que se estabelece entre profissionais que participaram do processo de formação em educação ambiental nos estados do Amapá e do Rio Grande do Sul de 2000 a 2002. Nos anos anteriores, esses dois estados vivenciavam processos políticos que apontavam para a consolidação de nossa utopia por uma sociedade justa, democrática e sustentável. No entanto, a educação ambiental só foi oficialmente incluída nesse processo nos dois últimos anos (Gemaque, 2002; Silva et al, 2004) em um momento em que o Ministério da Educação difundia, por meio das Secretarias de Educação, os Parâmetros Curriculares Nacionais (PCNs). O Amapá e o Rio Grande do Sul se recusaram a seguir as diretrizes do Ministério e iniciaram um processo próprio, do qual este livro é um testemunho.

A implantação de políticas públicas de educação ambiental ocorreu com a realização de vários encontros com públicos distintos, envolvendo no Amapá os/as extensionistas rurais (veterinários, agrônomos e técnicos agrícolas) e no Rio Grande do Sul professores e professoras de várias disciplinas, com o objetivo de identificar suas práticas sociais e pedagógicas cotidianas e de construir coletivamente uma perspectiva comum e singular.

Esses encontros foram momentos de grande discussão sobre o que se entende e como se pratica a educação ambiental. Procurávamos avaliar como construir uma proposta, ou melhor, uma práxis com a qual nos identificássemos como co-autores e como sujeitos.

Entre as muitas atividades realizadas nos dois estados, uma delas se destaca pela produção de textos nos aspectos da vida cotidiana, política, cultura e meio ambiente, que foram sendo explicitados e trocados entre as pessoas envolvidas em processos distintos, mas ao mesmo tempo em espaços muito diferentes.

A circulação desses textos permitiu que os profissionais do Amapá conhecessem um pouco do Rio Grande do Sul através de outros textos escritos pelos colegas de lá e vice-versa. Uma cumplicidade para além das fronteiras de cada um foi sendo estabelecida. Na perspectiva de construção de redes de conhecimento (Oliveira, 2003; Oliveira; Alves, 2001), redes de subjetividade (Gallo, 2003) e de dialogicidade freireana (Freire, 1997), interlocuções foram estabelecidas e se fizeram possíveis.

Os textos iniciais eram como cartas trocadas entres pessoas que não se conhecem, mas que querem se conhecer e que compartilham atividades, interesses e utopias. Essa atividade no processo educativo, depois da "virada narrativa" a partir dos anos 1980 (Galvão, 2005), não é nenhuma novidade.

A novidade talvez seja utilizar de um recurso anacrônico como esse, num momento histórico em que escrever cartas se tornou obsoleto e distante dos hábitos culturais de quem está sintonizado com a Internet. Mas podemos afirmar (e tentaremos explicitar neste livro) que "escrever cartas" se tornou um recurso pedagógico adequado e inovador. Esses textos eram levados de um lado a outro por um de nós por deslocamentos de Sorocaba para o Amapá e para o Rio Grande do Sul.

Na Universidade de Sorocaba, havia a escala obrigatória e, semanalmente, esses aspectos eram discutidos no Grupo de Pesquisa Perspectiva Ecologista de Educação.

Entre todos os textos produzidos, selecionamos alguns que serão aqui apresentados integralmente, e, do conjunto, destacamos trechos que possibilitam a reflexão sobre o que se pensa e se pratica na educação ambiental em um país com características sociais, culturais e ambientais distintas.

Nenhum dos autores e autoras desses textos foi excluído, razão pela qual são "participantes" muito especiais. Não utilizamos seus textos apenas para referendar nossa perspectiva pedagógica e política, nem pretendemos analisar os discursos contidos e expressos neles. Os/as extensionistas rurais do Amapá e os/as professores do Rio Grande do Sul são co-autores/as.

Todos têm algo a dizer e precisam dizê-lo se considerarmos, e consideramos, fundamental a construção da identidade do sujeito histórico no processo de formação em educação ambiental, que se inicia por um reconhecimento de si em interação social com o outro, com tempos e olhares diferentes, em espaços que cabe ao processo pedagógico fornecer. Constituir-se e identificar-se como educador/a ambiental é um processo que revela fraquezas, avanços, recuos, interação e intervenção, subjetividades em construção e em confronto com o estabelecido (Silva, 2006). Por meio dos textos, os narradores/as constroem não só suas subjetividades e especificidades, mas elaboram e interpretam o local e o tempo em que vivem. A exposição consentida dessa interpretação possibilita a difusão de conhecimentos e "leituras de mundo" sobre diversos aspectos que fazem o Brasil contemporâneo, pela observação atenta dos anônimos envolvidos cotidianamente na construção de uma sociedade justa, democrática e sustentável.

Ao intermediarmos os textos, levando-os de um lado a outro, selecionando-os, recortando-os e trazendo-os ao espaço público, também nos tornamos interlocutores. Porém, é necessário enfatizar que a história e a vivência são de quem as contam. As experiências cotidianas que são explicitadas nesses textos, ultrapassam os limites regionais, transpõem a vida pessoal e promovem diálogos, no qual aprendemos com o outro na diversidade. Entendemos ser este um dos princípios fundamentais da educação ambiental e de qualquer processo pedagógico digno dessa definição no momento histórico em que vivemos.

Foram necessários alguns anos para que este livro viesse a público. Ele não pode ser lido sem se levar em consideração o tempo de espera. Seu conteúdo específico foi gerado no contexto de políticas públicas interrompidas nas eleições estaduais de 2002, quando tanto o governo do Amapá quanto o do Rio Grande do Sul foram substituídos pela oposição. Foi também necessário o tempo da espera para que a fundamentação teórica e política (estudos culturais) que adotamos em nosso trabalho individual e coletivo ampliasse sua legitimidade científica nas pesquisas sobre educação e nos espaços em que atuamos.

É um livro escrito com a calma que a dimensão de tempo na Amazônia nos possibilita e com o aprendizado da resistência e ousadia tão caras aos gaúchos e gaúchas. Foi o tempo da espera para ver as inquietações, discussões e produções do nosso grupo na Universidade de Sorocaba falaram por nós sem ser preciso mais justificativas sem-fim para o projeto continuar a existir e ser legitimado.

Na apresentação do seu livro *A invenção do cotidiano*, Michel de Certeau, escreveu:

> Os relatos de que se compõe esta obra pretendem narrar práticas comuns. Introduzi-las com as experiências particulares, as frequentações, as solidariedades e as lutas que organizam o espaço onde essas narrações vão abrindo caminho, significará delimitar um campo. (Certeau, 2001, p. 35).

Nosso livro se situa nesse mesmo contexto e dialoga com os estudos do cotidiano, com a inevitável ousadia de procurar e alicerçar alternativas.

Preferimos correr riscos e desobedecer parâmetros hegemônicos, não por irresponsabilidade, mas sim por acreditar que nosso trabalho e insistências cotidianas (nossa utopia e práxis) podem colaborar com a nossa perspectiva de construção de uma sociedade justa, democrática e sustentável.

*Marcos Reigota e Bárbara H. S. Prado*
*Sorocaba, setembro de 2007.*

# 1. Narrativas, narradores e viajantes pós-modernos

Temos trabalhado com opções teóricas e metodológicas nas quais as narrativas assumem um destaque importante. Já tivemos a oportunidade de enfatizar essa opção em trabalhos anteriores (Prado, 2004; Reigota, 1999, 2001, 2002a; Reigota; Possas; Ribeiro, 2003), e desde o ano de 2000 ela tem fundamentado as pesquisas dos participantes do Grupo de Pesquisa Perspectiva Ecologista de Educação da Universidade de Sorocaba (Barchi, 2006, 2004; Bonfanti, 2005; Bovo, 2003; Germano, 2006; Macedo, 2006; Pereira, 2004; Prado, 2004; Ribeiro, 2004; Silva, 2006; Silva, 2004; Vidoto, 2006, Lima, 2007; Nunes, 2007; Cardoso, 2007; Mattos, 2007).

Essa opção levou ao diálogo com outros autores e grupos que se aproximam de nossa perspectiva e que nos fornecem elementos para os mesmos conceitos vindos de outras áreas do conhecimento. Entre eles, destacamos a produção do Grupo de Trabalho Cotidiano e Práticas Sociais, que se reúne a cada dois anos durante a realização do Congresso da Anpepp – Associação Nacional de Pesquisa e Pós-graduação em Psicologia, que conta com a participação de pesquisadores que têm em Michel Foucault, Gilles Deleuze, Felix Guattari, Bruno Latour, Isabelle Stengers, Walter Benjamin, alguns dos principais referenciais (Spink; Spink, 2006). Esse GT iniciado por Mary Jane Paris Spink, da PUC-SP, se constituiu a partir da dissidência do Grupo de Trabalho Representações Sociais da Anpepp, cujos pesquisadores e pesquisadoras se posicionam contrários ao disciplinamento e à acomodação da Teoria das Representações Sociais ocorridos na segunda metade dos anos 1990.

Foi significativo que, em oposição ao predomínio da análise de discurso neo-estruturalista que nesse período dominou a Teoria das Representações Sociais e que excluiu de seu meio qualquer outra possibilidade de interpretação dos sentidos e significados na e da vida cotidiana, as narrativas viessem aglutinar pesquisadores e pesquisadoras dos mais variados temas, entre eles a questão pedagógica e ambiental (Spink; Spink, 2006).

As narrativas produzidas, colhidas e vivenciadas no cotidiano, longe, portanto, das entrevistas, questionários e, conseqüentemente, análises estruturantes e neo-estruturalistas (quando não neo-positivistas) trouxeram perspectivas de trabalho de aprofundamento teórico e metodológico inovadoras.

Sem abandonar as contribuições da Teoria das Representações Sociais na sua vertente e momentos mais inquietos (Arruda, 1998; Jodelet, 2005; Moscovici, 2003), nos aproximamos da indisciplina dos estudos culturais (Silva, 1999; Guareschi; Bruschi, 2003), observando as representações sobre a escola e o meio ambiente em textos ficcionais, assim como as noções de cotidiano neles presentes.

O Grupo de Pesquisa Perspectiva Ecologista de Educação passou a ler e discutir Adélia Prado, Alice Ruiz, Bernardo Carvalho, Domingos Pellegrini Jr., Graciliano Ramos, Lia Luft, Maria Lucia Medeiros, Marilene Felinto, Milton Hatoum, Modesto Carone, Nélida Piñon e Olga Savary.

Para nós, tem sido importante identificar, nos textos literários, passagens, expressões e relatos como elementos próximos do conceito de representação social, entre as inúmeras definições que encontramos nos textos fundadores.

A ênfase nos textos literários não surgiu aí. Ela pode ser verificada na produção que antecedeu e que serve de base teórica para a constituição do grupo na Universidade de Sorocaba (Reigota, 1999, 2001, 2002a, 2002b). Esses estudos situados na fronteira entre a Teoria das Representações Sociais e os Estudos Culturais, pendendo mais para esse último, antecedem ou pelo menos são contemporâneos a um dos principais textos de Moscovici publicados nesse momento que consideramos "de crise" da Teoria das Representações Sociais.

Trata-se do texto da conferência *Caso Dreyfus, Proust, e a Psicologia Social*, que ele ministrou na *New School of Social Research*, em Nova York, e que foi posteriormente publicado na Inglaterra (2000) e no Brasil (2003) (Moscovici, 2003, p. 251-281). Referindo-se a Proust, Moscovici escreve:

> Como perceber o imperceptível, como devemos nos identificar com o não identificável, quando nós somos Mm. de Villeparis e não um judeu como Swann, a duquesa de Guermantes e não um homossexual como o Barão de Charlus? Parece-me que a pesquisa sobre percepção social não colocou o problema em termos tão sutis, nem propôs uma resposta satisfatória (Moscovici, 2003, p. 267).

A reflexão de Moscovici está voltada principalmente para a noção de minoria ativa relacionada como o Caso Dreyfus. Ele a termina com a afirmativa: "tive a intenção de mostrar as várias formas que as minorias dissidentes podem assumir sob circunstâncias específicas. E também exemplificar até que ponto, com que precisão, a psicologia social nos permite uma nova leitura da literatura" (Moscovici, 2003, p. 281).

A nossa intenção não era, e não é, fazer análise literária, mas sim buscar outras fontes de apoio teórico com profundas identificações históricas, culturais e contemporâneas para uma análise das questões do cotidiano escolar no contexto brasileiro e das representações que se têm, se difundem e se consolidam.

Em outras palavras, nossas pesquisas vão na direção oposta sugerida por Moscovici de que a psicologia social permite uma nova leitura da literatura. Em nosso grupo, procuramos identificar as possíveis contribuições da literatura a outra leitura das representações sociais.

A presença cada vez mais constante da literatura em nossos trabalhos se dá pelo interesse em verificar o que Michel de Certeau (2001, p. 142) chama de "murmúrios poéticos ou trágicos do dia-a-dia" como indícios de singularidades que podem ser localizados na literatura desde o século XIX. Ele argumenta que na literatura essas singularidades encontram "um novo espaço de representação, o da ficção, povoado por virtuosidades cotidianas das quais a ciência não sabe o que fazer, e que tornam, bem reconhecíveis para os leitores, as assinaturas das micro-histórias de todo mundo" (Certeau, 2001, p. 142).

Buscávamos também uma definição própria e coletiva de cotidiano menos militarista, como as "táticas e estratégias" (Certeau, 2001, p. 46-47), mas não menos política.

Trabalhamos com a perspectiva política das subjetividades (desejos, sentidos, significados, representações) relacionadas ao meio ambiente e à educação e como ela se manifesta nas relações de poder e nas práticas pedagógicas e sociais cotidianas em espaços de aprendizagem, particularmente na escola.

Nesse sentido, a literatura nos auxilia como um incontornável exercício analítico e interpretativo para a elaboração de nossas narrativas e para a dos anônimos que adentram nosso cotidiano e com os quais convivemos, enfatizando a "pertinência teórica da narratividade no que concerne às práticas cotidianas" (Certeau, 2001, p. 142).

As dissertações de mestrado em educação elaboradas nesse momento pelos membros do grupo trazem essas inquietações e possibilidades e coincidem com o processo de formação e definição das políticas de educação ambiental no Amapá e no Rio Grande do Sul.

A construção das narrativas escritas ou visuais (Pereira, 2004; Bonfanti, 2005; Barchi, 2006) como exercício pedagógico se revelou uma alternativa importante para a identificação das representações que circulam no cotidiano escolar e nas suas fronteiras e limites geográficos concretos e subjetivos, e na possibilidade contemporânea do relato escrito (e visual) do cotidiano.

Esses exercícios e seus resultados, que consideramos positivos (Reigota; Possas; Ribeiro, 2003), assim como a busca de reposicionamento teórico, foram fundamentais para solidificar nossa perspectiva, que se reflete neste livro.

Não apresentamos aqui resultados de pesquisa, no sentido convencional do termo, mas sim resultados de elaborações teórico-metodológicas (em construção) e de buscas de fundamentação para uma perspectiva pedagógica que tem sido elaborada por um grupo de pesquisa e em grupos específicos de profissionais no contexto de políticas públicas de formação de educadores/as ambientais.

A construção das narrativas, da forma como a entendemos, e nas suas possibilidades ficcionais, passa necessariamente pelas conversas do cotidiano, metodologia explicitada em vários de nossos trabalhos (Reigota, 1999; Barchi, 2006; Bonfanti, 2005; Bovo, 2003; Germano, 2006; Macedo, 2006; Silva, 2004; Lima, 2007; Nunes, 2007; Cardoso, 2007; Mattos, 2007).

Em outras palavras, o narrado, escrito ou visualizado é resultado de uma relação dialógica verbal anterior, na qual a confiança e a cumplicidade entre os interlocutores/as são estabelecidas na convivência. Não se chega ao/a narrador/a e às narrativas significativas e com significados sem esse pré-requisito.

Buscamos nos aprofundar nos conceitos e possibilidades das narrativas no processo pedagógico. Para isso, foram fundamentais as contribuições e a definições de Luiz Paulo da Moita Lopes (2002b, p. 19) a partir de suas pesquisas sobre a construção discursiva de raça, gênero e sexualidade em sala de aula. Diz ele que "as histórias contadas em sala de aula desempenham na legitimação ou questionamentos de certas identidades sociais, constituindo um repertório sobre como as coisas do mundo são e sobre que ações são possíveis."

Em outra passagem, o autor explicita como as narrativas são instrumentos usados para dar sentido ao mundo à nossa volta e, portanto, para nos localizarmos nele: "O ato de contarmos e ouvirmos histórias tem um papel crucial na construção de nossas vidas e das vidas dos outros" (Lopes, 2002b, p. 64).

Com esses argumentos iniciais, passaremos a definir como narrativas os textos produzidos a partir do diálogo estabelecido no contexto da formação de profissionais para atuarem como educadores/as ambientais no Amapá e no Rio Grande do Sul. (No entanto, avisamos os/as leitores de que esta definição é provisória e antecede outra que elaboramos ao longo desse processo e que será apresentada mais adiante.)

Ao descrever o cotidiano em que estão inseridos/as e no qual se dão suas experiências profissionais e pessoais, assim como as intervenções sociais que realizam e vivenciam, os/as narradores/as relacionam suas interações com o contexto sociocultural e ambiental em que vivem. Sendo assim, relatam seu cotidiano, não se limitando à descrição das experiências profissionais e descrevem os vínculos que observam, experimentam e desejam.

No segundo momento, essas narrativas, como cartas, ampliam as possibilidades de comunicação e de conhecimento do/com o outro, distantes no espaço, mas cúmplices da mesma perspectiva política e de possibilidades de intervenção cotidiana. E, para isso, não são necessários sofisticados recursos tecnológicos.

As relações de comunicação interligadas por tecnologias de ponta, cada vez mais precisa e ágil, fez surgir um novo estilo de linguagem via Internet, celular etc., que, em razão do ritmo de vida acelerado das sociedades contemporâneas, consiste em diálogos diretos e concisos, que não permitem as divagações, reflexões e releituras dos textos, como os extraídos das cartas. A carta, por ser um meio informal, permite um despojamento de si, trazendo uma riqueza descritiva permeada por sentimentos diversos. O/a missivista reconstrói suas idéias e seus significados no processo discursivo para se fazer entender pelo outro.

Os/as narradores enfatizam o convívio social, familiar, os momentos de lazer, ou seja, apresentam-se como profissionais e como pessoas que são. Isso os aproxima de seus interlocutores e dos demais leitores/as que se identificam com as histórias e (re)constroem narrativas com o imaginário das experiências vivenciadas por outros.

Ao contar e ler histórias, entendemos melhor o outro, assim como conseguimos melhor compreensão de nossas vidas através de um processo dialógico e dinâmico, pois "contar uma história é uma forma de agir no mundo à luz dos interlocutores e dos personagens das histórias ao mesmo tempo que o narrador se constrói e constrói seus interlocutores" (Lopes, 2003, p. 20).

No processo de elaboração deste livro, foi possível visualizar alguns elementos comuns na elaboração das narrativas. O primeiro trata-se do momento em que os/as narradores(as) expressam como e em quais situações se identificaram como educadores ambientais. Em outro, enfatizam os relacionamentos familiares e com os amigos e também expõem as turbulências de suas vidas.

Observamos também que os/as narradores(as) se esmeram em descrever o lugar onde vivem e trabalham, as belezas naturais, os problemas ambientais e sociais relacionados às carências múltiplas, como a ausência de infra-estrutura de transporte, saneamento básico, energia elétrica, escolas, postos de saúde, entre outros. As narrativas são enriquecidas com relatos de eventos, casos e descrição de pessoas, demonstrando a intenção de exemplificar para facilitar a compreensão.

Outro movimento se faz pelos seus interlocutores/as que buscam inter-relacionar as narrativas por meio dos mesmos eventos, casos e descrições, nos quais se encontram elos de aproximação com seus leitores. Nesse movimento de troca de informações, sensibilidades e observações cotidianas, se faz um processo de construção de identidades e saberes coletivos iniciados por cartas escritas desde comunidades rurais do Amapá até cidades industriais gaúchas, que atravessaram milhares de quilômetros e que "estacionaram" num terceiro espaço (Universidade de Sorocaba).

Num outro tempo e local, agora menos definidos, algumas dessas narrativas ganham o chamado espaço público, pois por meio deste livro, chegarão a interlocutores (leitores/as) que não podemos identificar.

As fronteiras e limites do cotidiano são assim rompidos, e o que era uma narrativa pessoal de conhecimento de alguns poucos interlocutores adentra o espaço público com o objetivo político e pedagógico de intervir na sociedade, em sua definição mais ampla.

Na Universidade de Sorocaba, lemos e relemos várias vezes as narrativas com cuidado repetido, procurando identificar seus sentidos e significados apoiados no referencial teórico da educação ambiental que temos desenvolvido.

Os/as pesquisadores/as das narrativas percorrem o mesmo caminho que os narradores estudados. Foi assim que nos vimos:

> Nós nos movemos para trás e para frente, entre nossos entendimentos do todo e de suas partes, engajando-nos em uma reciclagem repetitiva de movimentos interpretativos em direção a um entendimento mais profundo e abrangente de uma história e de como ela é encaixada. Nesse processo, à medida que aprendemos mais sobre como o enredo é construído e como ele termina, nos movemos em direção a uma interpretação de como a seqüência de eventos é conectada para resultar em uma unidade significativa (Mishler, 2002, p. 116).

O exercício interpretativo que fazemos ao reler, recortar e selecionar as narrativas foi movido pelo desejo de conhecer e aprofundar a compreensão do cotidiano em que os/as narradores estão imersos, mas não estávamos interessados em fazer uma análise esquemática de discurso, definir categorias, buscar sentidos outros que não os expressos no texto.

Toda leitura e recorte trazem escolhas de trechos, momentos e frases relacionados com a nossa sensibilidade, disposição, abertura, percepção, conhecimento e entendimento do outro e de sua narrativa naquele momento específico da leitura e releituras.

Tivemos sempre muito claro, ao escolher passagens ou textos na íntegra aqui incluídos, que estávamos pautados pelos critérios citados. A escolha deliberada por não fazer nenhum tipo de "análise de discurso", entre as várias possibilidades (Galvão, 2005), está relacionada à perspectiva pedagógica e política de lançar ao leitor/s as possibilidades de uma leitura e interpretação pessoal e singular.

Convém também lembrar que não se trata de fuga do rigor científico. O rigor científico ao qual nos dedicamos, e o qual reivindicamos neste livro, não está vinculado à "análise de discurso"; deixamos aos especialistas dessa área do conhecimento a tarefa, caso seja necessária e relevante.

Ao ler as narrativas dos/das extensionistas rurais do Amapá e dos/das professores/as do Rio Grande do Sul, observamos que as distâncias geográficas, assim como as distâncias culturais e sociais, estão relacionadas à problemática ambiental; por essa razão, não podem estar isoladas das discussões que envolvem a educação ambiental.

Os diálogos com e entre educadores/as ambientais do Amapá e do Rio Grande do Sul, e a necessidade de sua difusão para além de suas fronteiras geográficas, se tornaram possíveis porque, como pesquisadores e educadores ambientais, estamos inseridos no que diferentes autores/as chamam de "viajantes pós-modernos".

Uma das pesquisadoras em Educação tem teorizado sobre o tema; é Guacira Lopes Louro, que escreve:

> A imagem da viagem me serve, na medida em que a ela se agregam idéias de deslocamento, desenraizamento, trânsito. Na pós-modernidade, parece necessário pensar não só em processos mais confusos, difusos e plurais, mas, especialmente, supor que o sujeito que viaja é, ele próprio, dividido, fragmentado e cambiante. É possível pensar que esse sujeito também se lança numa viagem, ao longo de sua vida, na qual o que importa é o andar e não o chegar. Não há lugar de chegar, não há destino pré-fixado, o que interessa é o movimento e as mudanças que se dão ao longo do trajeto (Louro, 2004, p. 13).

Outro autor é Paul Zumthor, referência nos estudos literários, que fez das viagens tema de reflexão sobre sua produção teórica e docência. Ele observa que

> [...] as viagens que se multiplicaram na minha idade madura satisfaziam uma necessidade muito profunda do meu eu nômade; além disso, uma relação profunda deve existir para mim entre elas e o ensino: talvez a mesma relação que há, no plano da escrita, entre meus trabalhos eruditos de caráter histórico e a ficção (Zumthor, 2005, p. 26).

O nomadismo, não necessariamente relacionado com deslocamentos de grandes distâncias e tempo, cada vez mais presente em nossas atividades profissionais e sociais, já que estamos em constante deslocamento, nos levou a desenvolver e a empregar a noção de "olhar do viajante" na leitura que fazemos dos contextos que intervimos, sem nele nos fixarmos. Para Prado (2004, p. 87),

> [...] faz-se necessário desconstruir conceitos e pré-conceitos, assumindo o olhar do viajante, que faz seu caminho ao caminhar e que faz de cada momento uma nova descoberta. Cenas do cotidiano que a um olhar desatento poderiam ser corriqueiras e por isso desprovidas de valor, ganham luz e pessoas comuns ganham voz; através das narrativas saltam do seu meio para serem reconhecidas e compreendidas em um contexto ampliado.

Essa noção foi empregada em dissertações e artigos dos membros do grupo de Pesquisa Perspectiva Ecologista de Educação (Barchi, 2004; Ribeiro, 2004; Bonfanti, 2005).

Com o apuro e refinamento de nosso olhar de viajante procuramos identificar as possibilidades e limites da educação ambiental como educação política de intervenção cidadã, legitimar e divulgar as práticas sociais e pedagógicas cotidianas de inúmeros anônimos. Em resumo, podemos afirmar que, ao mesmo tempo que buscamos fundamentar uma perspectiva teórica e metodológica inovadora (práxis), o que nos coloca em movimento e nos faz nômades são nossa utopia e nossa perspectiva política de intervenção com fundamentação e pertinência, distantes de quaisquer representações simplistas do que possa ser o(a) educador(a) ambiental ou a educação ambiental.

## Direção norte

Em 1994, foi iniciado no Amapá o processo político que tinha na noção de desenvolvimento sustentável o seu eixo principal. Nele a educação ambiental recebeu atenção pela inauguração da *Escola Bosque do Bailique*, no arquipélago de mesmo nome e que além de ter uma arquitetura particular, original e ousada, tinha também um currículo com propostas semelhantes (Araújo; Lima, 2003).

A educação ambiental como política pública só se inicia em 2000 com a discussão e elaboração final do Programa Estadual do Amapá de educação ambiental. Esse documento "foi construído com a participação de cinqüenta e duas instituições, entre governamentais, não-governamentais e da iniciativa privada" (Gemaque, 2002, p. 121). É nesse contexto que ocorre nosso encontro com os/as extensionistas rurais.

Chegada ao Arquipélago do Bailique.

Nos primeiros dias de maio de 2001, estavam presentes no módulo "educação ambiental como eixo da sustentabilidade" Manoel, Gilmar, Maricilda, Wesley, Neto, Claudia, Mauricio, Rinaldo, Elenildo, Jorcy, Adão, Paulo Rogério, Miquéias, Max, Paulo de Tarso, Claybeson, Josivandro, Antonio Corrêa, Marcelo Soares, Sandro, Antonio Mendes, Antonio Ramos, Vander, Gilberto, Alexandre, Geninelson, Hamilton, Sérgio, Erasmo, Alberto, Daniela, João Hilário, Ivanoel, Dilberto, Amélia, Ryan, Erminio, Adilson, Carlos, Sinval, Alirio, Rui, Mário, Aparecida, Marinho.

A sala era pequena para tanta gente, e muito quente, apesar de o arcondicionado estar constantemente ligado; mas o desconforto era amenizado pela acolhida. O inicial formalismo entre "professor e alunos/as" foi quebrado quase que imediatamente ao se solicitar que se formasse um círculo com as cadeiras.

O grupo era formado por engenheiros florestais, técnicos agropecuários, técnicos agrícolas, veterinários e engenheiros agrônomos. Chegaram à capital do estado vindos de Matão Piaçaca, Ferreira Gomes, Pacuí, cidade do Amapá, Oiapoque, Cardo, Calçoene, Mazagão, Porto Grande, Castelo, Serra, Água Branca, Piracuba, Cotias, Maruanu, Tartarugalzinho, Cotias do Araguai, Laranjal do Jari, Bailique e da capital. Alguns levaram muitas horas ou dias para chegar.

Entre eles, estavam o mineiro recém-formado em agronomia, o jovem de Dracena, interior de São Paulo, que em pouco tempo no Amapá contraiu várias malárias, o gaúcho de Uruguaiana e um panamenho.

Embora em minoria, lá estavam elas, com seus relatos de como é ser extensionista rural, uma atividade vista como masculina: Maricilda, Cláudia, Daniela, Amélia e Aparecida.

Quando indagados, falavam de tudo: das profundezas do estado do Amapá, de onde nasceram e estudaram, o que faziam na comunidade onde moravam e como chegaram ali.

Antes do primeiro encontro haviam lido *O que é educação ambiental* (Reigota, 1994) e comentavam o que pensavam sobre o tema e o que haviam registrado como mais significativo do livro. No que era aparentemente apenas uma conversa de apresentação, narraram o cotidiano em que estavam mergulhados.

Falaram que a capoeira para se recompor precisa de dez anos, que é mais importante a modernização da agricultura e não a mecanização, que os roceiros da Serra do Navio querem a mecanização das terras deles.

Outros disseram que os agricultores querem usar agrotóxicos e produtos químicos, e que eles (os agricultores) assistem ao programa de televisão *Globo Rural* e ficam querendo fazer o mesmo que é mostrado ali.

Na Reserva Extrativista do Maracá se planta arroz, milho e feijão. Os extensionistas buscam fazer o manejo comunitário, e Max, o jovem agrônomo mineiro que vive no Oiapoque, tem trabalhado com a associação indígena que reúne as etnias Calibi, Maruno, Kalibi-Oiapoque e Kurumanan.

Outros contaram como tentam recuperar as áreas degradadas procurando conquistar a confiança dos roceiros.

No Pacuí, a Escola-família adota a Pedagogia da Alternância e é dirigida pela professora Maria José Rigamonte, que tem uma atuação muito importante na educação dos filhos e filhas dos agricultores.

Uns criticam o uso político-eleitoral do termo desenvolvimento sustentado, adotado oficialmente nas políticas públicas.

No Oiapoque, os bares nas aldeias indígenas não podem vender bebidas alcoólicas.

No Tartarugalzinho, os turistas fazem surfe na pororoca e jogam as latinhas de refrigerante e cerveja em qualquer lugar.

Na escola não há merenda.

Os extensionistas procuram arborizar as comunidades com mudas de pau-brasil e conversam com os produtores para que não joguem nos rios o vermífugo utilizado.

Há pesca predatória de tucunaré, traíra e bijou. A relação dos pescadores com os comerciantes é de escravidão branca.

Os extensionistas insistem na necessidade do cooperativismo. Oito colméias em um ano dão um litro de mel. Há entre eles quem considera a industrialização como a principal fonte econômica em que o estado deveria investir e outros que propõem a organização dos extensionistas rurais.

A cidade de Laranjal do Jari é a que mais tem associações.

No Maranum, há a bubalinocultura (criação de búfalo), e a produção de farinha diminuiu muito.

Um reservatório de água foi contaminado por arsênio (resíduo do manganês) no Curiaru. O prejuízo foi de 6 milhões de reais. Isso deu a maior confusão envolvendo a Secretaria de Meio Ambiente do Município e os 17 vereadores.

Em Mazagão, a festa para São Tiago e N. Sª da Piedade dura um mês, e aí se bebe, se bebe, se bebe... gingibrina.

No relato de histórias, causos, fatos, problemas concretos e cotidianos estava sendo construído o espaço de trocas de informações, experiências e vivências.

Entre risos e brincadeiras, histórias aparentemente absurdas para o forasteiro eram contadas e defendidas como se fossem a mais legítima e verdadeira interpretação dos fatos, seguidas do apelo enfático: "Confie em mim, professor!".

Antes do encerramento das atividades do primeiro dia, alguém aparece com um aparelho de som e um CD de Zé Miguel para que a canção "Vida boa" ("quase um hino nosso, professor!") fosse ouvida e cantarolada.

Estavam sendo construídos cumplicidade e espaços de trocas dialógicas fundamentais para o que viria a seguir: a narrativa escrita das atividades cotidianas.

## As primeiras narrativas

*A implantação dos SAFs – Sistemas Agroflorestais é uma forma de se conseguir extrair da terra os bens necessários para se ter uma vida mais saudável do ponto de vista social, econômico e cultural.*

*Na região do Pacuí, por exemplo, a agricultura praticada é a de subsistência, itinerante e embasada na monocultura da mandioca. Este sistema "tradicional" de se cultivar a terra trouxe uma destruição em massa da floresta nativa que cedeu lugar a grandes áreas de "matas" e "cerrados" antropinizados [...].*

*A melhor maneira de se conter a destruição e resgatar a qualidade de vida da população local é ensinar-lhes uma agricultura que dependa o mínimo possível de fatores externos e que garanta o seu sustento.*

*Na Escola-família do Pacuí, desde 1996, estamos testando formas de se implantar e consolidar um SAF, com as condições sociais, culturais e ecológicas da região e posso garantir que não é tarefa fácil, uma vez que os agricultores, assim como a maioria de nós, são imediatistas e não têm tradição com o cultivo de plantas permanentes.*

*Para piorar ainda mais a situação, em 1997 o governo estadual incentivou muito a prática de SAFs na região só que os responsáveis pelo programa desconsideraram os fatores supracitados, o que levou o programa a um grande fracasso e implantou o descrédito dos Sistemas Agroflorestais.*

*Hoje temos exemplos bem-sucedidos dentro das Escolas-família do Amapá, nos terrenos de alguns agricultores e em outras partes da Amazônia, porém fazer com que a grande maioria acredite novamente na idéia é um trabalho complicado.* A. C. C.

*Quando comecei a desenvolver as minhas atividades de extensionista rural no município de Serra do Navio, visitei um produtor rural que cultivava, 0,25 ha de terra com horticultura.*

Notei que o produtor usava em suas beiras 30% de adubo orgânico e 70% de adubo químico. No combate às pragas e doenças ele usava agrotóxicos.

Comecei um trabalho de conscientização com o produtor, voltado à preservação do meio ambiente, no sentido de fazê-lo usar um maior porcentual de adubo orgânico e somente inseticida orgânico. Depois de muita discussão, chegamos a um consenso.

Como resultado, obtive uma grande vitória, pois o produtor passou a usar 50% de adubo orgânico e manipula agrotóxicos somente na fase de desenvolvimento inicial de suas plantas, usando o inseticida orgânico recomendado por mim na fase final de crescimento e pré-colheita de suas plantas. Sinto-me gratificado por ter aplicado esse processo com aquele produtor e ter obtido um bom resultado.
G. C. T.

Pela solicitação de uma senhora do Bailique, que fosse ao seu terreno para emissão de um laudo para manejo de açaizal, fui de voadeira à propriedade dela acompanhado da dona Esmeralda e seu marido.

Encostamos na margem e fui acompanhando seu marido para dentro da propriedade. Sempre tinha visto no Arquipélago casas cobertas de palhas de vários tamanhos... lanço, meio lanço, mas não tinha ainda visto em estado nativo a palheira; e ali, uma profusão de palheiras, andirobeiras, pracaúbas, e do meu lado a simplicidade daquele senhor.

**Açaí – Euterpe oleracea**
Palmeira originária das várzeas e margens dos rios amazônicos, crescendo em touceiras formadas por palmeiras que variam entre 3 a 25 indivíduos.
O açaizeiro é parte indissociável da paisagem da Floresta Amazônica, assim como é parte integrante da cultura dos estados do Norte do Brasil. Do açaí, tudo se aproveita. As folhas são utilizadas para cobertura de casas e cestaria, o estipe (denominação do tronco das palmeiras) é usado na construção de casas, pontes e trapiches. Até o cacho se aproveita como vassoura e como repelente, quando queimado. Mas os frutos é que são apreciados. De sua polpa, retira-se o vinho de açaí, que possui grande mercado em toda região amazônica. O fruto, o palmito e as raízes são muito utilizados na medicina popular. As sementes do açaí são dispersas pelos pássaros, como o inhambu, o jacu e o tucano, pelos mamíferos, como o macaco-prego, o macaco-aranha, a anta, o veado, o catitu e a cutia, e pelos peixes e tartarugas, que muito apreciam o fruto. As sementes também são disseminadas pelos moradores locais. Depois de consumidos os frutos, as sementes são lançadas no solo; se estiver em boas condições de umidade, favorecerá a germinação, que pode ocorrer entre 30 e 40 dias.
Os amapaenses apreciam muito o açaí. Só em Macapá são consumidos diariamente de 27 mil a 34 mil litros, gerando uma produção de mais de 18 milhões de reais por ano (Sanley, Medina, 2005, p. 165-167).
Como os frutos duram somente entre 36 a 48 horas sem refrigeração, nos lugares mais distantes dos grandes centros é comercializado o palmito, sendo permitida sua exploração somente se for manejado conforme Lei Federal n. 6.576, de 30 de setembro de 1978. Porém, ainda ocorre a extração ilegal do palmito do açaí.

**Educação bilíngüe**
No final do século XX, desenvolvem-se no país os princípios, conceitos e práticas da educação intercultural bilíngüe, contra-espaço hegemônico por meio do qual as sociedades indígenas têm procurado identificar dispositivos para participar, definir e executar projetos de desenvolvimento específicos. Estas ações educacionais junto às sociedades indígenas têm seus membros como protagonistas, atuando como professores em suas comunidades, de forma que contribuem decisivamente com o rompimento do silêncio de suas línguas e culturas, vitimadas pelas relações de poder desde os tempos mais remotos do Brasil Colônia (Monte, 2003, p. 15).

*Diante de tanta diversidade de espécies, em que o açaí era mais um componente, ali não haveria apenas o manejo do **açaí**, mas teriam de ser manejados todos aqueles recursos.*

*Uma realidade muito distante, às vezes, das instituições financeiras, bem ali, oferecendo seus benefícios, à espera de um saber usufruir sem destruir toda aquela diversidade.*

*Esta percepção foi marcante para mim que irei levar por toda vida profissional e pessoal. Desde quando cheguei ao Amapá, tive oportunidade de vivenciar situações e experiências que só foram possíveis graças à idéia de implantar como política de governo um programa de desenvolvimento sustentável.*

*Minha experiência como docente no Núcleo de Educação Indígena (NEI) ocorreu graças à preocupação do Amapá com a descaracterização da cultura indígena, procurando formar nas aldeias professores indígenas, filhos de suas tribos, evitando a perda de seus valores, de sua língua, enfim de sua essência.*

*Consegui vivenciar suas dificuldades e anseios morando na aldeia Ariramba-Galibi do Oiapoque em 1996.*

*Pude então observar que em minhas "aulas" (com os indiozinhos percorrendo algumas áreas da própria aldeia), onde realizava atividades de reconhecimento da importância do que existia por lá... como as árvores mais importantes, o alimento retirado do rio, eram as atividades de maior interesse e participação.* H. S. S. J.

Rio Araguari, Cutias, Amapá. Criação de búfalos.

*Trabalho no município de Cutias do Araguari, cerca de 150 km da capital. É* um município voltado à pecuária, sendo esta totalmente extensiva e o que predomina é a bubalinocultura.

Há cerca de 25 anos, essa vem sendo a principal atividade econômica, mas falta a consciência dos criadores que ainda não se profissionalizaram e não definiram um padrão de produção. Isto é, se querem produzir leite ou carne, isso leva nossa pecuária a ser vista como devastadora e inconseqüente com o meio ambiente. Sou filho da região e meus pais são criadores.

Agora estou em uma luta lenta em que tento mostrar, partindo de casa, que onde dá para criar 500 cabeças não se criam 1.000, que chegou a hora de o criador criar realmente o boi e não de o boi criar o criador, como ainda acontece...

Insisto em que precisamos ter controle de vacinação, de pastagem e em que é melhor ter qualidade que quantidade. Esse trabalho está sendo reconhecido aos poucos, pois há cerca de cinco anos estou alertando os pecuaristas.

Agora mudei de tática, estou mudando na minha própria casa, para servir de exemplo. Esta região a que me refiro é de várzea e de campos naturais, só que os pecuaristas até hoje só fizeram explorar e sem consciência, pois parte dos campos está sendo formada por plantas tóxicas e invasoras (por exemplo, algodão-bravo).

Os búfalos estão assoreando o rio Araguari, e quando as chuvas são muito intensas, ocorrem enchentes e há grandes prejuízos com a mortalidade de parte do rebanho.

Mas o rio Araguari não vive apenas desse impacto ambiental, temos fenômeno da pororoca, ninhais de diversas espécies de pássaros, temos reservas biológicas, lagos onde se encontra muito pirarucu, conhecido como peixe nobre da Amazônia e muito bom para a pesca esportiva.

Faço parte de uma equipe que pretende expandir o turismo, mas estamos cautelosos, pois sabemos que o turismo mal planejado traz sérias conseqüências. E. M. M.

Por quatorze anos trabalhei na imensa região do Jari, na comunidade de Estada Nova, no município de Almerim no Pa-

*rá, onde lendas e "histórias" são contadas a todo momento, como a de pessoas que sumiram nos rios porque foram encantadas e um dia voltaram ao normal; de cobras grandes que habitam os rios; de benzedeiras de quebranto, mal-olhado e peito aberto; de índios que, quando envelhecem, entram mais para dentro da mata e viram "jurupari" e papudinhos de plantão.*

*Por alguns anos prestei assistência técnica para um senhor que até hoje mantém a cultura da banana como base de sustento de sua família, composta por 24 filhos. Ele diz que só parou (de fazer filhos) porque a mulher teve gêmeos na última barrigada e vindo de dois não dá (como se a culpa fosse só dela)...*

*A empresa Jari entrou em decadência, e como a assistência aos agricultores não era prioridade, nosso projeto foi desativado. Meu colega e eu passamos, então, a trabalhar pela prefeitura, tendo eu sido destacado para cobrir o outro lado do município e meu colega ficou na minha área de atuação.*

*Um dia fui visitar a comunidade, e entre outras propriedades fomos visitar este senhor. Para meu espanto e alegria, ele foi logo me elogiando; até pensei que ele estivesse me confundindo com outra pessoa, mas ele falou: "este que é tecno". Daí eu pensei "é comigo mesmo", pois ele sempre me chamava de "tecno", e ao olhar para o lado notei que meu colega estava meio desconcertado.*

*Conforme andávamos pelo caminho, meu colega tentava se desculpar dizendo que ajudava a família daquele velho, levava os filhos doentes para a cidade, pregava tábuas na parede da casa etc. Quanto mais ele falava mais eu me deliciava por ter sido elogiado por um dos agricultores mais competentes da região do Jari e já nem escutava mais o que meu colega dizia."* V. I. M. S.

*Percebemos que teoricamente o desenvolvimento sustentável e a educação ambiental têm uma relação íntima e estreita que na verdade, atualmente não está tendo aplicabilidade nenhuma. Quando se fala em educação ambiental, compreende em preservar o meio ambiente como um todo, sendo tanto o solo, a água e também o meio social. Com relação ao desen-*

*volvimento sustentável, muito se tem falado, mas pouco se tem colocado em prática, principalmente na agropecuária, pois o método que ainda utilizamos é o modelo europeu. Como sempre importamos tudo, comumente as mesmas técnicas, tais como: preparo de solo, adubação e manejos de culturas e animais. Portanto, com a utilização dessas técnicas, cada vez mais o meio ambiente vai se degradando, levando concomitantemente à insustentabilidade de qualquer empreendimento que se faz, pois sempre dependendo dos produtos que são comercializados e manipulados por multinacionais que dominam completamente o mundo. Acredito sim em desenvolvimento sustentável, desde que se produza sem precisar gastar energia mais do que se colhe. É uma lástima saber que vemos isso somente na exploração extrativista, que é num meio florestal, e que o homem pode repor as energias gastas através do manejo correto sem deteriorar o meio em que vivemos. Por isso, somos responsáveis em pesquisar uma maneira ecologicamente correta, para que não acabem os recursos naturais de que ainda dispomos. U. S.*

*O Projeto Horta na Escola está sendo implantado no município de Laranjal do Jari pela equipe local do Instituto de Desenvolvimento Rural do Amapá (Rurap), localizado a 280 km da belíssima Macapá, com o objetivo de levar o conhecimento teórico junto com a prática sobre o cultivo de hortaliças em geral, adaptada à região Sul do Amapá.*

*Temos uma meta de trabalhar com cinco escolas da rede estadual, atendendo, assim, 150 alunos na primeira experiência; esses alunos terão aulas teóricas em um turno (sala de aula) e práticas em outro (campo), ambas com acompanhamento de um técnico do Rurap.*

*Esse projeto será financiado pela própria escola, através da Caixa Escolar. Se vai trazer resultados econômicos, isso quem vai definir são os indicadores.*

*No entanto, é importante ressaltar que, a partir do início da produção, a escola se tornará consumidora dos próprios produtos, podendo ainda comercializar os excedentes para o mercado consumidor local, e que, no presente momento, está importando esses produtos de estados vizinhos.*

*Com o intuito de melhor qualidade de vida dos consumidores e a diminuição de resíduos químicos na atmosfera, iremos adotar uso de inseticida biológico e composto orgânico. Só assim poderemos garantir o progresso da geração futura.* J. R. S.

*Para mim todo projeto que visa o bem-estar do cidadão, já é um projeto sustentável, principalmente se tiver como característica manter o cidadão no campo com todas as condições necessárias a seu constante aprendizado e respeito próprio.*

*No projeto da* **castanha**, *todo o processo de agregar valor ao produto está sendo feito lá mesmo, no local da colheita, ou seja pelo próprio castanheiro cooperado; daí se retira o atravessador, e os benefícios ficam com o extrativista (produtor); é uma forma de desenvolvimento sustentável.*

*Os projetos que valorizam o ser humano, que lembram que ele é importante socialmente, também são desenvolvimento sustentável.*

**Castanha-do-brasil – bertholletia excelsa**
A castanheira é uma das maiores árvores brasileira, com ocorrência na Floresta Tropical Amazônica de terra firme.
Da árvore se aproveita a castanha, e seus produtos derivados são usados para alimentação; o óleo extraído da castanha é utilizado como cosméticos, e a sua casca tem finalidades terapêuticas. Por produzir uma madeira muito resistente, tem sido explorada ao longo de décadas, apesar de ter suporte de proteção legal (Lei Federal nº 4.771/65 e Decreto Federal nº 1282/94), que permite o corte, se o recurso for manejado racionalmente.
Projetos bem-sucedidos estão ocorrendo onde trabalhadores organizados em cooperativas coletam a castanha, processam e armazenam o produto em grandes quantidades, o que lhes permite obter melhores valores para o produto (Silva, S. P., 2003, p. 72-73).

*O Projeto Pacuí de recuperação de áreas degradadas é uma forma de orientar e educar as novas gerações para evitar esses problemas futuros. Já que não foi evitado, aprende-se com o erro. O que é lamentável, mas melhor que não aprender nunca.* J. F. H. F.

## Sobre a educação ambiental

Como já foi observado, o grupo de extensionistas rurais do Amapá teve, pela primeira vez, a possibilidade de discutir a educação ambiental. O objetivo principal era construir com eles a identidade de educadores ambientais nessa categoria profissional.

*Para isso, consideramos necessário levantar suas práticas cotidianas e estabelecer a relação com os fundamentos da educação ambiental como educação política de intervenção.*

*As fartas narrativas orais e escritas possibilitaram a exposição e a reflexão coletiva sobre essas práticas e os fundamentos teóricos, ao mesmo tempo em que os questionamentos, conhecimentos e representações do grupo constituíram conteúdo curricular da própria formação.*

*Esse processo pedagógico e político foi observado, criticado e enfatizado pelos extensionistas rurais:*

*"O facilitador é o que acredita no que fala, e o faz bem. Só que não acertou com o grupo (ou acertou?) a convivência. Faltou uma "brincadeirinha" no grupo para rastrear as animosidades.*

*Apesar de termos entrado (no serviço público) por concurso, sabemos pouco sobre o futuro."* A. L. A.

*"O grande impasse é que atualmente, no Amapá, vive-se o desenvolvimento sustentável no papel, na mídia, esquecendo-se que seu principal objetivo é o de atingir as comunidades carentes com propostas que amenizem, ou quem sabe, resolvam os problemas sociais existentes."* S. P.

*"O curso no início (primeiro dia) não me agradou, pois não discutia logo de cara a questão ambiental, dando a impressão de não ser um curso, e sim uma palestra. Após o decorrer dos dias, observei que estava enganado, que o curso teve conteúdo, abordando não só a educação ambiental, mas o papel do extensionista nesse processo e em outros também discutidos."* M. P. M.

*"Foi uma injeção de otimismo e auto-estima no extensionista. Certamente, o reflexo desse conhecimento adquirido será visto no campo, na escola, no bar, enfim, em todos os locais em que estivermos."* A. D. P.

*"Me surpreendeu, porque eu não esperava que nós, 'participantes', iríamos nos envolver com muitas histórias e idéias*

*vividas por nós ou simplesmente conhecidas. Na verdade, pensei que fosse um curso só sobre manuseio correto de produtos químicos, queimadas etc., mas foi bem mais abrangente, envolvendo sociedades, pequenos agricultores, grandes empresas, problemas locais e globais."* J. W. M.

*"O curso foi muito além de discussões sobre meio ambiente, pois discutimos vários assuntos que podem sugerir várias idéias para o crescimento comum dos extensionistas. Para o próximo módulo, escreverei uma vivência que tive com uma comunidade ribeirinha no município de Mazagão chamado "Ajuruxi", que irei mandar acompanhado de algumas fotografias da região que considero exótica."* R. R. A. V.

*"De acordo com a realidade do que ocorre no planeta e especificamente na Amazônia e sobre desenvolvimento sustentável, o curso sobre educação ambiental nos mostrou o que está sendo feito e o muito que ainda precisa ser feito para melhorar as condições ambientais em que vivemos. É no ambiente que se concretizam as relações que os homens mantêm entre si e a natureza, por isso é da maior importância a educação ambiental. Gostaria de escrever para o próximo módulo sobre a trajetória do nordestino em busca de melhores condições de vida."* A. A. M.

*"Olha, é a primeira vez que participo de um curso desta natureza. Confesso que, no início, fiquei perdido, mas com o decorrer do tempo passei a achar interessante. Antes eu tinha uma visão totalmente contrastante, agora pude entender uma série de coisas que passavam despercebidas. Para o próximo módulo quero escrever sobre um suicídio cometido por um morador na comunidade de São Joaquim do Pacuí. Apesar de não ter tido o final feliz, foi muito marcante em minha vida."* J. B. E. S.

*"Aprendi muito e, o que é melhor, me despertou bastante o interesse em estudar e aprofundar alguns temas aqui discu-*

*tidos. Depois desse curso alguma coisa mudou dentro de nós. No próximo módulo quero contar sobre as histórias de pajés e curas espirituais ocorridas no Bailique."* M. O. M.

O primeiro módulo chegou ao fim com os/as extensionistas tendo o compromisso de aprofundar a análise de situações vividas por eles e elas no cotidiano e como se identificavam como educadores nessas situações. O professor forasteiro saiu dali presenteado com o CD "Movimento Costa Norte: 15 anos de música na Amazônia", que reúne canções de Osmar Júnior, Val Milhomem, Amadeu Cavalcante, Edílson Moreno, Fernando Canto e Zé Miguel. Entre as canções encontra-se "Vida boa", de Zé Miguel ("Quase um hino nosso, professor!").

> O dia nos chega toda manhã
> Com nuvens de fogo pintando o céu
> Um ventinho frio sopra assim e assim
> Vez em quando se escuta o canto do japim...
> ("Vida boa", Zé Miguel)

## Direção sul

Segundo Eliane Simões da Silva, Karen Adami Rodrigues, Kenya Ribeiro de Souza, Maria Beatriz Brutto e Milton Esmério, a educação ambiental como política pública da Secretaria de Estado da Educação do Rio Grande do Sul

> [...] é resultado do amplo movimento (iniciado em 1999) para repensar a escola pública, através da Constituinte Escolar que em agosto de 2000 deliberou por princípios e diretrizes orientadores na construção da Escola Democrática e Popular [...] Nesse contexto, a educação ambiental passou a estruturar-se em toda a Educação Básica, constituindo-se como política pública para todas as escolas do estado, referendada nos momentos anteriores do processo Constituinte Escolar através do resgate de práticas pedagógicas, no aprofundamento teórico e como Princípios e Diretrizes para a Construção da Escola Democrática e Popular (Silva et al, 2004, p. 27-28).

Nesse contexto, nos convidaram para colaborar com o processo e fomos para Porto Alegre.

Os professores e professoras do estado do Rio Grande do Sul haviam participado ativamente do movimento de discussão e encaminhamento de propostas políticas e pedagógicas denominado Constituinte Escolar.

Na primeira atividade que reuniu um grupo de professores e professoras em junho de 2001 em Porto Alegre, inclusive com a presença da secretária de Educação, professora Lúcia Camini, foi sugerido que os/as participantes lessem e discutissem o texto *Sou Neto do Tomé* (Reigota, 2002a), que aborda o movimento e o cotidiano da Escola-família do Carvão, em Mazagão, no Amapá.

A intenção era que esse texto provocasse e estimulasse a reflexão e a escrita de narrativas sobre o cotidiano escolar no Rio Grande do Sul. Com base nessas narrativas, elaboraríamos o projeto de política pública de educação ambiental no sistema escolar. Passado esse primeiro contato, aguardamos a chegada das narrativas.

Todas as Coordenadorias Regionais enviaram seus textos. Entre eles, vários apresentavam características mais próximas de relatórios burocráticos do que de narrativas.

Romper o discurso oficial, padrão, de relatórios nos quais quase nada se localiza dos sujeitos da/na escrita era um dos primeiros obstáculos a enfrentar.

Os documentos oficiais, publicados pela Secretaria de Estado de Educação e das informações enviadas pelos/as professores/as das Coordenadorias Regionais, serviram como suporte para a elaboração do documento: "Um olhar sobre a educação ambiental no atual contexto político do Rio Grande do Sul" (Reigota; Esmério, 2002c), posteriormente distribuído aos professores.

O "atual contexto", explicitado no título do documento, foi um momento histórico muito importante, no qual o PT governava o estado em sua terceira gestão e a cidade de Porto Alegre abrigava o Fórum Social Mundial.

Esses aspectos estão profundamente enraizados na cultura política participativa e comunitária do Rio Grande do Sul, assim como sua tradição na práxis ecologista brasileira, que se tornou mundialmente conhecida principalmente através de José Lutzenberger (Dreyer, 2004).

Nesse contexto, os princípios da educação ambiental como educação política encontravam não só um espaço de aplicação, mas também de questionamento e revisão de seus princípios.

Todas as narrativas escritas pelos professores e professoras serviriam como material de leitura e discussão dos módulos seguintes do processo de formação e foram publicados no referido documento.

As narrativas serviram também para que as pessoas, uma vez mais, se conhecessem e se identificassem pertencentes a um movimento comum de intervenção política e pedagógica.

As narrativas estavam distantes do tom oficial de relatórios e próximas da expectativa inicial, ou seja, nas quais os sujeitos se mostram, enfatizam e testemunham a interação social e as experiências de intervenção vividas no cotidiano. Reproduzimos abaixo algumas delas.

## As primeiras narrativas

*No final do ano, aconteceria uma mostra de trabalhos escolares onde todas as escolas participariam. Deveríamos buscar os melhores prêmios!*

*Nossa escola se localiza na periferia da cidade, e a maioria dos alunos pertence a famílias que sobrevivem, bravamente, ao desemprego e às conseqüências que dele provêm.*

*A equipe diretiva, ingenuamente, tentava ultrapassar as barreiras das diferenças sociais oportunizando aos alunos formas de "participação" em que o poder econômico supera o conhecimento, a tecnologia supera a boa vontade e a velocidade chega aniquilando a "participação".*

Como ocorreu com a "gincana (muito pouco) ecológica" em que o número de automóveis e telefones celulares conquistaram os primeiros prêmios.

Mas nem tudo estava perdido para aquelas crianças, a equipe diretiva reservava mais uma "competição" (de força, poder, estímulo e coragem) mais uma oportunidade de buscar os inatingíveis primeiros prêmios da Mostra de Trabalhos Escolares – e dessa vez a direção foi mais ousada: seria a sede do evento, reservaria os locais mais ventilados e iluminados para as visitas e destinaria aos seus alunos os cantos sem janelas (no verão).

Os alunos aprenderiam muito com as outras escolas – "aquelas campeãs de gincana"; reafirmariam sua condição, tentariam aceitar "qualquer coisa" educadamente e, humildemente, entregariam os primeiros prêmios aos vencedores sob os olhares envaidecidos de seus professores, finalmente recompensados pela excessiva tarefa de "desenvolver as maravilhas temporárias" que o evento pede e em ter acertado na escolha (criteriosa) dos alunos, chamados alguns dias antes para apresentar o trabalho e garantir o sucesso definitivo.

Desta vez, ao contrário da gincana, nós participamos mesmo, em três turmas da tarde e uma do vespertino, 100 alunos, sem excluir nenhum.

Após debates e votações, brigas e choradeiras evidenciando emoções e o real envolvimento, os alunos definiriam os principais problemas daquela comunidade e contribuiriam com as soluções. Quatro turmas, quatro temas, quatro trabalhos.

Detalhamos, passo a passo, cada dia dos três meses que antecederiam o evento. Atividades e funções foram distribuídas de forma que todos vivenciassem cada passo do trabalho garantindo a participação e a parcela de responsabilidade de cada um com o grupo.

Definimos os itens para a coleta dos diferentes dados. Registros de observações, entrevistas com os moradores, entrevistas com profissionais de diversas áreas, pesquisas bibliográficas, coleta de amostras etc.

*Buscamos o envolvimento dos outros professores: o de Português adequou os formulários de coleta de dados e entrevistas; o de Educação Física acompanhou as saídas a campo; o de Geografia contribuiu com informações relativas aos temas; o de Matemática transformou informações em números; e o de Educação Artística encarregou-se da apresentação visual.*

*O trabalho se desenvolvia muito bem! Eu, a professora de Ciências, apesar de estar completamente satisfeita com os resultados até então conquistados por todos nós, suspeitava que, por mais aprofundados que fossem os temas, analisados os dados, realizados os experimentos e apresentadas as contribuições valiosas, ainda assim eles corriam "aqueles" riscos.*

*Não tínhamos nada para explodir, nada mudaria de cor, animais não estavam em vidros e luzes não piscavam. Mas eles queriam os "prêmios".*

*Justifiquei com a direção a necessidade de umas visitas para pesquisar na Internet algumas informações que faltavam para completar o trabalho.*

*Conseguimos uma* Kombi *que nos levava, algumas vezes por semana para o Núcleo de Tecnologia Educacional. Dessa vez, fui obrigada a reduzir o grupo para vinte alunos, o que não me agradava muito.*

*Trouxe comigo os Alessandros, Daianas, Tiagos, Shirleis e Cristianos – alunos que, segundo a diretoria, em breve seriam convidados a procurar outra escola devido às ocorrências por mau comportamento no livro de registros.*

*Com espantosa rapidez, em algumas aulas de Informática, eles dominavam o que em quinze anos de atividade de magistério só usara em meu benefício.*

*E aí, sim! Todas as explosões, cores, sons e movimentos, disponíveis naqueles computadores foram usados, com muita competência, na formatação da apresentação de cada trabalho.*

*O público, em fila, aguardava a vez de manipular as máquinas, foram os trabalhos mais visitados do evento. Foi apenas um detalhe a mais, mas foi o detalhe que assegurou os prêmios e garantiu a verdadeira participação. Nunca havia visto crianças tão grandes como naquele dia!* K. R. S.

Em 1987, trabalhávamos com a Pastoral das Mulheres e na Pastoral da Juventude em Antonio Prado e tínhamos muitas lutas em favor da vida, e dos trabalhadores. A prioridade era o agricultor permanecer no campo (com qualidade de vida).

Porém, também existia o problema da obtenção dos agrotóxicos (que eram e são muito caros), e a saúde dos agricultores que estava comprometida por causa do uso de venenos.

Foi então que conhecemos e nos aproximamos de um grupo de engenheiros agrônomos e começamos a discutir e pesquisar sobre "agricultura ecológica" e observamos que já existiam experiências espalhadas pelo Brasil.

As mulheres foram as primeiras a começar a experiência, primeiro na horta da família e na produção de chás ou de ervas medicinais (já que trabalhávamos com medicina caseira ou alternativa). Começamos a fazer reuniões nas comunidades (em torno de 60) e expor os males que estes produtos traziam para o ser humano, ao meio ambiente e ao "bolso". Falávamos também de toda dominação ideológica, tecnológica que os países fabricantes exercem sobre nós.

Alertávamos também sobre a origem dos venenos, restos da Segunda Guerra Mundial (produtos que utilizavam na fabricação de armas químicas). No decorrer do tempo observávamos as falas das pessoas em relação ao "novo" jeito de trabalhar na agricultura.

Uns diziam que o que fazíamos era "coisa da gurizada do PT", magnha vena ("come-pasto"), "essa gurizada dos padres só pensa em revolução", entre outras. Mas muitos de nós acreditavam e começaram o trabalho.

Nas comunidades, aos domingos, as discussões eram bastante acentuadas em torno do assunto. E o trabalho continuava, foram surgindo várias famílias trabalhando só na linha ecológica, os agricultores de Ipê também aderiram e se formou a primeira Associação de Agricultores Ecologistas de Antonio Prado e Ipê (Aecia).

Durante esses anos tivemos que enfrentar a resistência dos engenheiros agrônomos da Emater que desdiziam tudo o que *tínhamos construído nas comunidades, mas mesmo assim o trabalho continuou muito bem.*

*Iniciaram-se as feiras ecológicas em Porto Alegre e Caxias do Sul, e o mercado e os produtores foram aumentando. Hoje são 30 famílias na Aecia, mais quatro associações em Ipê e muitas famílias querendo se organizar para trabalhar em associação e na linha ecológica.* J. V.

*Começaram algum dia, não sei onde e nem como, as questões ecológicas. O Partido Verde, o Greenpeace, Chico Mendes chamavam-me a atenção. Ao mesmo tempo, militando pelo PCdoB, movimento comunitário, PT, movimento sindical, socialismo, comunismo, materialismo dialético, marxismo, tudo isso me fascinava.*

*Defender o "verde", a natureza, os animais, isso significava defender o ambiente? Sim, é claro, mas o tom romântico e infantil, o sensacionalismo do Greenpeace, campanhas de coleta de lixo (latas, plásticos) em troca de outros produtos, como computadores, não "faziam a minha cabeça".*

*Afinal, que educação ambiental está sendo realizada na sociedade e nas escolas? Há relação entre luta social e política e ecológica? Por que estavam separadas? Por que um Partido VERDE para defender e lutar pelo meio ambiente? E o PT, o que falava e escrevia sobre isso? Quando aqueles que lutam pelas causas sociais passaram a incluir os temas ambientais na pauta política e textos como marxismo e ecologia passaram a circular, ficou mais claro que a luta por socialismo e outros "ismos" tinha que passar pela defesa da vida humana como sujeito histórico e social, e da vida natural.*

*A praia do Laranjal, parte da Lagoa dos Patos, um dos maiores mananciais de água doce do planeta, estava e ainda está poluída, e há a invasão imobiliária em um dos pontos da praia. Sob essas ameaças comecei a me envolver politicamente.*

*Em outra praia, no Balneário dos Prazeres, popularmente conhecido como "Barro Duro", que sofre processo de poluição e de erosão, realizamos o projeto Lazer e Educação Ambien-*

*tal, visando sensibilizar e mobilizar aquela comunidade para superar os problemas existentes.*

*Portanto, minha experiência, por enquanto, é ainda muito circunstancial, e realizamos um levantamento sobre os projetos existentes nas escolas, na perspectiva de dar continuidade e qualificação para o trabalho de educação ambiental nas escolas.* A. C. M.

No nosso primeiro encontro em Porto Alegre, estava presente o professor Dorvalino Cardoso, da terra Indígena de Votouro, nas imediações de Erechim. Ele participou uma única vez dos vários encontros que tivemos ao longo de 2001 e 2002, mas sua narrativa oral provocou todos nós. Sua fala foi transcrita e revista por ele, da qual destacamos os seguintes trechos.

*A visão de mundo do branco é um pouco diferente. O mundo do índio, como a gente observa, não é o só as árvores que purificam o ar, mas também os índios purificam a natureza. Eles vêem muitas coisas no vazio do nosso planeta, no assobio dos pássaros, dos espíritos das pessoas que morreram.*

*Durante a noite, prevêm o que vai acontecer no futuro. Os nossos pajés vêem o ambiente mais alto e começam a soprar para que esse mal vá para o mundo dos capetas, para que não aconteça mal no futuro. Eles limpam o nosso ambiente dessa forma.*

*Ao meu ver, se eu tiver que fazer um relatório com mais detalhes, o tempo é curto para isso. Nos já temos uma estrada, um caminho a seguir. Não é de qualquer jeito que a gente faz as coisas.*

*Às vezes, a gente acha que está fazendo certo, mas é assim... às vezes é complicado, mas temos que fazer do mesmo jeito. Os alunos gostam de aula... interessa a eles, é da vivência deles. Como vamos fazer uma política pedagógica para trabalhar em sala?*

*Uma pequena parte da cultura indígena acabou com a implantação das escolas para dentro das aldeias, levando uma proposta pedagógica ou currículo diferente, e também professores brancos com outro espírito de trabalho. As igrejas, da mesma forma, estão acabando com a cultura e as crenças.*

*Esse fracasso estende-se ao longo de quarenta anos, e não está sendo fácil consertar esses erros acumulados. A adaptação de brancos e índios: eles não se sentem bem saindo da aldeia para morar na cidade. É como o branco que não é aceito na aldeia. Índio se agrupa porque se sente bem, é índio com índio.*

*Eles não gostam da cidade porque não são aceitos, têm discriminação, mas isso acontece em qualquer etnia. Tenho curiosidade do mundo de vocês, de como vocês vêem o mundo hoje. Eu observo as relações do mundo do branco com o meio ambiente.*

*Nós, índios, observamos de outra forma, é diferente. As estações do ano. O ano não começa em janeiro e não termina em dezembro.*

*O começo do ano é novembro/dezembro e o fim setembro/outubro. Se fazem os calendários e se fazem as festas nas horas de colheita, frutos, brotos das plantas, as plantas se misturam. Dia de Índio, 19 de abril não tem nada a ver.*

*O índio cuida muito da gralha-azul, de plantar a araucária e também do martim-pescador. O homem quer ser o dono do Universo. Já não acredita em nada. Só acredita em si mesmo. Nós, kaigang, somos uma irmandade – árvore purifica o ar, não só as árvores purificam o ar, mas também os índios purificam a natureza.*

*Os índios antigos, os pajés, vêem o mundo que tem seus buracos, e cada buraco tem seus significados. Vêem na atmosfera o que de mal vai vir. Para purificar o ambiente fazem fogo e queimam o mal e destinam o mal para o mundo das coisas ruins. Isso deixa o ambiente puro, conversando com os espíritos da natureza, dos mortos, estes contam para os pajés, indicam a solução, os remédios.*

*Como se forma Pajé? O Pajé observa e vê quem vai colocar no lugar dele. Para ser Pajé, tem que se dar com todos, ser sério, não fazer fofoca, guardar segredos. Pajé leva o escolhido para a mata virgem e dá banho com suco da flor de palmeira – soca no pilão e do banho na lua minguante o chá de broto, e ficam lá, e aí passa o poder para o outro. A taquara dá remédio, comida, casa e dá para contar a idade: a cada 30 anos seca a taquara.*

*Na agricultura plantava dois, três anos e depois deixava descansar. Também para ter músculos carregamos peso. Não adianta só a comida para preparar os moços para o combate.*

*Nós achamos que tem que ser do nosso jeito, cada povo, cada etnia entende o mundo do seu jeito. Quando os brancos descobriram que a Terra era redonda, há muito tempo os kaingang já sabiam que a Terra era redonda.*

*Eles têm um grande respeito com a terra, porque é nela que nasceu tudo que tem vida no planeta. Da terra, eles tiram a sobrevivência da sua família e de seu povo. Também eles se comunicam com o espírito da terra, pedindo para a ajudar a plantar, para dar uma boa produção e agradecendo na colheita pela bênção que foi dada, da mesma forma agradecendo a Deus, o grande Tupã.*

*Na comunicação que os pajés fazem com os espíritos da terra, eles falam que a terra está muito cansada com a produção, que com o passar do tempo não vai mais produzir, porque ninguém está tendo mais respeito com a terra.*

*Usam adubos químicos, venenos, e só está produzindo por causa das crianças que estão sendo consideradas e por alguns usarem o respeito com ela.*

*A floresta para o povo Kaigang significa muita coisa importante, porque dali sai o remédio, a comida das flores e raízes, a caça, as frutas, os esconderijos. Ela purifica o ar e serve para sombras. É na floresta que são feitas as danças, as rezas. Lugar para os pássaros, abelhas e outros tipos de animais. Na mata, os kaikang se sentem mais felizes com suas casas de palhas, tomando água pura, plantando alguns tipos de cereais, feijão, milho, bata-doce, mandioca e moranga.*

*Conversam muito com o guia da floresta e pedem autorização para o espírito das árvores antes de cortarem. Usam muito os nomes das madeiras e dos bichos para servirem de nomes das crianças das suas tribos. A água, como tem vida, dá a vida para todos.*

*A natureza tem vida. A água tem vida e o espírito que cuida e domina, e com esse espírito os kaigang se comunicam, porque tem um horário em que a água adormece e descansa. Neste horário não é mais boa para beber e nem para tomar banho; têm que pedir autorização para o espírito da água. No horário de 12h até às 5h da manhã a água não está em movimento, está sem barulho. Começa a se movimentar depois das 5h com muito barulho. Neste horário da manhã, a água é remédio. É neste horário ou pouco antes que os kaigang costumam tomar banho, antes dos pássaros.*

*A água em movimento é muito útil por algumas razões: se filtrando pelas pedras, terras e raízes, se torna remédio, por passar por várias raízes, porque todas raízes da floresta são remédio que serve para sua humanidade, até para os próprios peixes que ali vivem. Neste caso, até o veneno químico, tóxico, não circula muito longe pelo rio.*

*Os remédios têm os seguintes valores espirituais. Tirando ela da mata e plantando na horta, ela não tem o mesmo valor. Tem a época de ser colhida, que é na lua cheia ou na sexta-feira santa. Para permanecer com a sua validade, o Pajé fala com o espírito de erva e também com a própria erva para permanecer com a sua validade. Por isso, os kaigang preservam muito a mata.*

*Os kaigang observam muito o espaço e o movimento no espaço através da Lua, do Sol, do Vento, das Estrelas, do barulho no espaço. Alguns exemplos: os kaigang sabem o que vai acontecer através de assovios, canto de pássaros, vento etc... Os Pajés também sabem o que vai acontecer através do seu guia.*

*Vendo tudo o que vai acontecer no seu povo, faz a prevenção. Fazendo as danças, queimando remédios, fazendo com que a fumaça se espalhe pelos espaços. Eles misturam os brotos de remédios com a água para dar o banho no seu povo, e, com os assopros, lançam todos os males para outros lugares onde não existe humanidade. Os kaigang escutam os barulhos da caminhada das pessoas ou bichos, colocando o ouvido no chão, para saber o perigo. Ou até subir na árvore mais alta para investigar. – Dorvalino Cardoso*

## A educação ambiental para professores e professoras gaúchos

Os professores e professoras representantes das Coordenadorias Regionais do Estado que participaram do processo de formação como Liane Maria Sulzbach, Lucia Inês Viera Thesing, Ana Cristina Ribas Florestas, Kenya Ribeiro de Souza, Joceli Viadrigo, Karen Adami Rodrigues, Solange Passos e Ângela Maria S. de Campo, Carla Beatriz Peres, Marta Hammel, Leonila Quartiero Ramos, Claudete Vieira dos Santos Crestani, Erli Pithan da Silva, Maribel Haas de Toledo, Elisabeth Maria Foschiera, Dorvalino Cardoso, João Valcenir Tomazin, Noeli Aparecida Godinho Schinato, Alexandre Canibal Machado, Luiz Carlos Tonetto Silva, Selito Durigon Rubin, Ângela Maria (Bagé), Michele Cousseau, Iolanda Menezes Nunes, Marina Gutierrez já tinham um longo percurso relacionado com a educação ambiental.

Muito já havia sido feito no Rio Grande do Sul, e o processo de formação era resultado desse processo histórico e pessoal, como podemos observar inicialmente na narrativa do coordenador de Política de Educação Ambiental da Secretaria Estadual de Educação, Milton Esmério, e de outros professores e professoras.

*A política educacional do Governo Democrático e Popular é o desdobramento, na rede pública estadual, do projeto de radicalização da democracia, através da participação da comunidade escolar na formulação, gestão e fiscalização das políticas públicas.*

Nesse contexto, o processo Constituinte Escolar consiste em um amplo movimento apresentado à comunidade gaúcha, em abril de 1999 em todo o estado, e se constitui em um instrumento para a construção da democracia participativa no governo do estado do Rio Grande do Sul na área da Educação.

Assim como o Orçamento Participativo é um processo de participação popular na definição das políticas públicas e do fortalecimento do controle social sobre o estado, a Constituinte está sendo um processo concreto da Secretaria da Educação para que educadores, pais, estudantes, funcionários, movimentos sociais populares, instituições de ensino superior e instituições do poder público ocupem seu lugar nos rumos da educação e da escola pública e, conseqüentemente, resgatem o seu lugar na história do estado. Através de debates, estudos e socialização de experiências, este movimento político-pedagógico vem oportunizando, de forma inédita, que a comunidade do Rio Grande do Sul retome e analise, participativamente, o cotidiano da escola pública.

O processo Constituinte Escolar sustenta-se metodologicamente na Concepção Dialética do conhecimento, que se concretiza nos pressupostos: educação como um direito a todos os cidadãos, enfatizando principalmente a situação daqueles que, ao longo da história, tiveram esse direito negado, não conseguindo, sequer, entrar na escola ou que foram expulsos dela; radicalização da democracia como objetivo estratégico de um governo popular que estimula a co-gestão da esfera pública na direção da soberania e controle popular sobre o estado; participação popular como método de gestão das políticas públicas na área da educação; dialogicidade como um princípio ético-existencial de um projeto humanista e solidário, respeitador das visões de mundo, crítico e propositivo perante as injustiças sociais, utopia como sonho impulsionador da educação e do projeto de desenvolvimento sócio-ambiental-econômico-cultural-político-histórico sustentável. M. E.

Durante a Semana do Meio Ambiente, as escolas desenvolvem atividades alusivas a esta data. Este é um dos momentos de perceber se elas têm o entendimento das múltiplas dimensões da educação ambiental. A 11ª Coordenadoria foi convidada para participar de uma dessas atividades em um município localizado nos contrafortes da Serra Geral. Privilegiado pela sua localização, o município pertence à zona de transição entre Planície Litorânea e Serra. Gincana ecológica seria a atividade desenvolvida, envolvendo alunos das séries iniciais municipais e estaduais. Saindo da BR 101 para chegar ao município, percorremos uma estrada ladeada por bonitas paisagens remanescentes da Mata Atlântica. O sol brilhava, caracterizando o "veranico" de maio que estava ocorrendo em junho. Quando chegamos no salão paroquial, local do evento, um pouco atrasados, já havia muitas crianças que participavam com grande entusiasmo de uma apresentação teatral. O grupo Serrote Preto, de Porto Alegre, interagia com a criançada, que respondia com animação às perguntas dos artistas. A peça era sobre preservação do ambiente, ensinando como reciclar o lixo. Dando seqüência às atividades, cada turma fez uma pequena apresentação de trabalhos relacionados com meio ambiente, jogral, cantos etc. Esta apresentação fazia parte do conjunto de atividades que deveriam ser avaliadas pela comissão julgadora. Outros trabalhos a serem avaliados eram álbum de plantas medicinais, coleção de sementes de plantas nativas, arte com lixo, poesias e desenhos. Após as apresentações, os professores se dirigiam aos estandes com alguns alunos para explanar sobre seus trabalhos, enquanto os outros recebiam um lanche, cachorro-quente e suco. A equipe coordenadora das atividades organizou um almoço para os visitantes que faziam parte da comissão julgadora no único restaurante da cidade. Comida caseira era degustada, enquanto o grupo se conhecia. Conheci uma pessoa com vasto conhecimento de plantas medicinais, chás e outros remédios da medicina alternativa e que realiza palestras em toda a região ajudando a organização de farmácias caseiras. Os artistas também faziam parte do grupo e, *enquanto a conversa se desenrolava, percebíamos todos ligados às questões ambientais. Eu própria fazendo parte do setor administrativo da CRE, tenho formação nesta área, e sempre que posso me proponho a participar das atividades de educação e meio ambiente.* L. Q. R.

*No ano de 1998, na Escola Municipal de Ensino Fundamental Dr. Piero Sassi, em Carazinho, atuei com a 6ª série, após alguns anos só trabalhando com as 7ªˢ e 8ªˢ séries, na disciplina Ciências Físicas e Biológicas. Na referida série, temos por "conteúdo mínimo" os seres vivos. Então em conversas com os alunos, acordamos um trabalho para o ano todo, no qual iríamos acompanhar, com observações e relatórios semanais, minúsculos ecossistemas, contendo alguns exemplares de seres vivos: terrários. A turma era composta por aproximadamente vinte e cinco alunos, que se distribuíam em duplas e trios, conforme afinidades, com o objetivo de realizar o trabalho. Os recipientes utilizados para "conter" o ecossistema eram de vidro transparente de variados tamanhos e formas, sendo que os maiores foram sorteados entre os grupos. Com algumas orientações básicas da forma de montagem e componentes do terrário (solo, vegetais, pequenos animas, água...) cada grupo pôs mãos à obra, vasculhando o pátio escolar e arredores realizando a coleta e a organização do material selecionado. Concluída a montagem, cada grupo relatou a todos, rapidamente, pois a aula de duas horas estava quase esgotada, o que havia colocado em sua "micro-terra", enquanto ouvia comentários/profecias e julgava se modificava ou não sua idéia inicial. Regou-se, ainda, o solo cuidadosamente, fez-se o "inventário" escrito de tudo que o recipiente continha, e vedamos o mesmo da melhor maneira possível. No conjunto, os terrários apresentavam diversas formações: com mais e menos solo, com muitas plantas e apenas uma, com pequenas rochas, com tampinhas de recipientes formando "lagos", com formigas de diferentes espécies, pequenos caracóis, tatuzinhos-de-quintal, minhocas, uma grande e colorida borboleta e... um "cobreiro" negro de aproximadamente cinco centímetros de comprimento, apelidado carinhosamente de "Sansão". Foi justamente ele que despertou a maior curiosidade, em virtude de suas características e também da entusiasmada narrativa sobre sua captura feita por Hélio, Israel e Luciano, os autores da proeza. No dia seguinte, grande parte destes alunos aguardava minha chegada no portão da escola, comentando e solicitando para ver como estavam seus trabalhos. Não tendo aula prevista com a turma neste dia, combinei que pediria "um tempinho" a uma das professoras que estaria com eles, para vermos os terrários. Gentilmente, uma das colegas cedeu-me 15 minutos de seu período, e então fomos visitar os terrários. Lá estavam todos, vedados, como os deixamos no dia anterior. Um deles chamava a atenção do grupo inteiro: não havia uma única folha verde dos vegetais que tinham sido plantados e, impacientemente, Sansão passeava de um lado para outro da cuba de vidro, que se transformara em deserto, como sugeriam os espantados alunos. Seguiu-se então uma discussão, pois agora estava claro para todos o conhecimento que passou despercebido na montagem do terrário e no "julgamento" da turma. Havíamos acenado que não se poderia abrir o recipiente por, aproximadamente, um ano. Rapidamente, organizou-se uma "assembléia" e, conjuntamente, decidiu-se abrir o terrário, colocar grande quantidade de folhas de grama para alimentar Sansão e três tampinhas com água, plantar alguns vegetais e voltar a vedar a cuba de vidro. Encantados, todos observaram Sansão devorar as folhas verdes. Como diz Vera Candau, "O espaço educativo é aquele onde emerge a construção. Ou não é nada". M. H.*

*Minha cidade, São Luiz Gonzaga, localiza-se no noroeste do Rio Grande do Sul, tem aproximadamente 44 mil habitantes. O abastecimento é feito pela Companhia Riograndense de Saneamento (Corsan) que retira a água do Rio Ximbocuzinho. Esse rio é formado a partir de nascentes, algumas delas localizadas no perímetro urbano, mais precisamente no bairro Monsenhor*

*Wolski. Esta nascente encontra-se em um terreno de propriedade do banco do estado do Rio Grande do Sul, segundo o levantamento feito no cartório pela minha colega Vânia e por mim. Em visita ao local, deparamo-nos com uma cena lamentável: a nascente encontrava-se em local aberto sem mata ciliar, com depósito de lixo, cavalos e vacas atados nas poucas árvores que ainda restam, defecando e urinando no olho d'água.*

*Sensibilizadas com a situação da nascente, minha colega e eu, dando continuidade ao projeto de 1999, Reflorestamento das nascentes do Rio Ximbocuzinho, e em culminância à Semana Farroupilha, decidimos recuperar o local, recolhendo o lixo e reflorestando-o com mudas nativas. Lançamos, então, um novo projeto. Mobilizamos as entidades de nosso município. Era mês de setembro, aproximava-se a Semana Farroupilha e aconteceriam várias atividades; uma delas seria a Caminhada pela Paz. Então incluímos nesta atividade o reflorestamento da nascente. Agilizamos a comunidade, entidades ligadas ao meio ambiente, escolas municipais e estaduais. Mandamos fazer faixas com dizeres ecológicos, conseguimos mudas nativas. Um grupo de alunos da Escola Técnica Estadual Cruzeiro do Sul, um funcionário da escola e nós fomos lá abrir covas para as mudas. A Vânia e outros colegas de entidades ambientais participaram de uma reunião na escola do bairro. Reuniram alunos, professores, pais e moradores com o objetivo de apresentar o projeto. Chegou o dia do evento, porém devido a uma chuva torrencial que durou o dia todo, a programação foi adiada. Numa nova reunião, marcamos a caminhada para outubro, na data que abriria a Semana da Água. Voltamos ao local para ver a situação das covas. Para nossa tristeza, estavam todas atulhadas com pedra, pedaços de tijolos e outros resíduos, pois o local era utilizado pelas crianças das redondezas como campo de futebol e pelos pais como lugar de atar os animais para pastar e beber água. Convidamos novamente os alunos da Escola Técnica Estadual Cruzeiro do Sul a reabrir as covas entulhadas e outras novas. Chegou o dia tão esperado. Estava ensolarado e quente, enfim, uma linda manhã de sábado. Reunimos o pessoal na Praça da Matriz e começamos a caminhada com carro de som, tocando músicas ecológicas e dizeres de chamamento e reflexão sobre meio ambiente, coordenados pela Luiza Caterine. Chegando ao local, coletamos o lixo, que foi recolhido pelo caminhão da Corsan e levado ao lixão municipal. Plantamos as mudas, entusiasmados e cheios de esperança. Partimos até o local de captação de água da Corsan, junto ao rio Ximbocuzinho, onde plantamos mais algumas mudas. Concluímos nossas atividades com um saboroso carreteiro com salada. Passaram-se alguns dias... Voltamos ao local para ver as mudas e, para nossa surpresa, poucas das 200 plantadas restavam, e os animais continuavam sobre o local da nascente. Nossa ação não teve êxito. Porque falhamos no essencial: não sensibilizamos os moradores do bairro sobre a importância da nascente.* C. V. S. C.

*Como educadores, devemos ter sempre presente que conscientização ambiental é muito mais que campanhas, programas e projetos, geralmente envolvendo temas como "lixo", "água", "poluição", como se fossem demandas isoladas. O que devemos despertar na comunidade escolar é o fato de que a biodiversidade é muito importante, mais importante é que somos uma espécie que compõe esta biodiversidade. Na 25ª Coordenadoria Regional (Soledade), as discussões que envolvem a temática educação ambiental, lembrando sempre que toda vez que falamos ou ouvimos falar que a capacidade de água potável da Terra é limitada e chega ao final do século significativamente comprometida, ou sobre os danos irreversíveis aos mais diversos ecossistemas causados pelo rompimento da camada de ozônio que envolve e protege a Terra de radiações estranhas e incompatíveis com o equilíbrio da atmosfera terrestre, agimos e reagimos como se nada de muito grave estivesse acontecendo. Primeiro, porque, embora tenhamos, em tese, orientado o desenvolvimento da humanidade a partir do conceito de coletividade, não temos uma consciência objetiva e prática do coletivo e, em segundo lugar, porque todas estas questões parecem estar temporariamente distantes de nós.* A. C. R. F.

# Reencontros

Poucos dias depois do 11 de setembro de 2001, quando o mundo assistiu aos ataques terroristas ao *World Trade Center* e ao Pentágono, que iriam redefinir a geopolítica internacional, voltamos a Macapá para mais um módulo do processo de formação dos extensionistas rurais intitulado *Trajetórias e narrativas através da educação ambiental*.

O objetivo era extrair o máximo de informações sobre o cotidiano no qual eles e elas estavam mergulhados, as suas representações e análise conjunta de suas atividades profissionais e práticas sociais.

As informações sobre o cotidiano vivido e representado eram de fundamental importância para o processo mais amplo de política pública em educação ambiental que estava sendo desenvolvido.

Os extensionistas rurais são muito capazes em relação às narrativas orais e fazem um grande esforço para escreverem sobre o cotidiano; no entanto, era essa atividade escrita, reflexiva e silenciosa, que pretendíamos explorar.

Para isso, contamos com o auxílio de Walter Benjamin e de seu texto *"A técnica do escritor em treze teses"* (Benjamin, 1987, p. 30-31). Iniciamos o módulo falando de Benjamin e da importância das narrativas dele, destacando sua tese sobre as circunstâncias do trabalho de escritor:

> [...] procure escapar à mediania do cotidiano. Meia tranqüilidade, acompanhada de ruídos insípidos, degrada. Em contrapartida, o acompanhamento de um estudo musical ou de uma confusão de vozes pode tornar-se tão significativo para o trabalho quanto a perceptível quietude da noite. Se esta aguça o ouvido interior, aquele se torna a pedra de toque de uma dicção cuja própria plenitude sepulta em si os ruídos excêntricos (Benjamin, 1987, p. 30).

Esboçamos um roteiro para que cada item não fosse esquecido. O estilo adotado deveria ser o de uma carta a um amigo distante, na qual o bom humor seria sempre bem-vindo.

O roteiro solicitava aos extensionistas: Conte onde você mora e há quanto tempo você mora nessa comunidade. Quem são os seus colegas, com quem você conversa no trabalho e fora dele? Como é a sua família e a sua casa? O que você gosta de fazer nas horas vagas? Fale de sua comunidade e das pessoas que moram lá (os velhos, índios, crianças, religiosos, artistas, pescadores, caçadores etc.) e também da natureza. Não se esqueça de falar das festas e do que tem de bonito e agradável. O que aconteceu na sua comunidade nos últimos meses relacionado com o meio ambiente: festas, esportes, religião, violência, brigas, casamento, namoro, amizade, morte, acidentes, doenças, etc. que você considera digno de ser contado? Qual foi a última visita de uma pessoa do governo, da Igreja ou de outra instituição na sua comunidade? O que essa pessoa foi fazer lá? Como ela foi recebida? Quais tem sido as principais reivindicações e reclamações dos moradores/as de sua comunidade para você, para as autoridades do lugar e do estado? Quais são os principais problemas sociais e ambientais de sua comunidade que você acha que precisam de uma solução rápida? Quais são as principais lideranças de sua comunidade? Conte como são essas pessoas. Como as crianças vão à escola? Como é a escola de sua comunidade? Qual é o envolvimento que você tem com a escola, com os professores/as e alunos/as? Conte, com riqueza de detalhes, se houve algum momento, depois de nosso primeiro módulo, no qual você se sentiu fazendo educação ambiental. O que você ouviu de pessoas de sua comunidade sobre os atentados nos Estados Unidos, em 11 de setembro de 2001?

Depois de discutido o texto de Walter Benjamin e o roteiro das narrativas (cartas), o silêncio se fez na sala, e os/as extensionistas utilizaram todo o tempo previsto do módulo para escrever.

O resultado foi um conjunto de 33 "cartas" escritas por Maricilda Pena, João Francisco, Dilberto Maia Rosa, Alexandre da Conceição Carvalho, Paulo Rogério Gomes Barreto, Mauricio Padresi Martani, Antonio Ramos Maciel, Elenildo Barbosa da Donseca, Glauberson Saraiva de Melo, Mario Roberto Marinho de Oliveira, Rui Rodrigues de Albuquerque, Erasmo Machado Mendonça, Alirio de Macedo Mory, Jinual da Silva, Joadson Rodrigues da Silva, Gilberto da Silva Oliveira, Antonio Correa da Cruz, Hamilton Simões de Sousa Junior, Carlos N. da Rosa Garcia, Daniela Spindola Garcia, Paulo de Tarso S. Tavares, Max Ataliba Ferreira Pires, Mario Artur Nunes Vitor, Vander Isaias Menezes dos Santos, Sergio Irineu Claudino, Alberto Donato Pinheiro, Hermínio Morales Santiford, Geminelson Castelo Tourinho, Ivanoel Marques de Oliveira, Jorcy Francisco Santos, Adilson de Souza Pimentel, José Alves de Lima Neto e Marcelo Soares Pena.

Pouco mais de um mês, em novembro de 2001, em Porto Alegre, durante o módulo intitulado *Construção social do conhecimento na perspectiva da educação ambiental*, os professores e professoras participantes do processo de formação e elaboração da política estadual de educação ambiental, também leram o texto do Walter Benjamin, o roteiro das narrativas ("cartas") utilizado no Amapá e, o mais importante leram, discutiram as cartas/narrativas escritas pelos/as extensionistas. Entre tantas atividades na organização e preparo para que nada faltasse em mais um encontro, Mariza Gomes, da Coordenação da Política de educação ambiental, tirou da bolsa um CD e disse que na impossibilidade de escrever alguma coisa (inclusive uma dedicatória), ela presenteava o professor forasteiro com *Ramilonga: A estética do frio*, de Vitor Ramil. "Alguma música em especial, Mariza?", perguntou o forasteiro. "Descubra", ela respondeu. Alguns segundos depois, completou: "Na verdade, o CD todo" e saiu apressada para fazer mais alguma coisa, cantarolando...

> conheço todo o Rio Grande
> qualquer estrada ou atalho
> quando me seco trabalho
> na velha lida campeira
> corro bem uma carreira
> manejo bem o baralho...
> ("Gaudério", Vitor Ramil)

# 2. Correspondências

Os professores e professoras gaúchos leram as cartas dos/das extensionistas do Amapá com o compromisso de respondê-las. Apresentamos aqui algumas delas, dessa volumosa correspondência.

## Carta de Dilberto Maia Rosa

Eu sou Dilberto Maia Rosa, natural de Capitão Poço-PA, técnico em agropecuária, formado pela Escola Agropecuária Federal de Castanha em 1994 e especializado em Zootecnia Geral pela E A F. de Santa Tereza (ES), em 1996. No decorrer destes anos, participei de vários cursos voltados à área de extensão-técnica. Há quatro anos estou trabalhando como extensionista rural no município de Tartarugalzinho, cidade pacata com aproximadamente 10.000 habitantes, onde grande parte dos seus habitantes sobrevive da agricultura, pecuária, pesca e extrativismo vegetal, que é a base da economia.

Com relação ao meu trabalho cotidiano, sinto-me realizado. Mesmo porque, além de trabalhar como técnico, extensionista, trago raízes da terra, pois o meu pai, que é agricultor no município de Moju-PA, onde me criei, me ensinou a dar os primeiros passos dentro do contexto *(agri-*

**Agricultura sustentável**
Além dos indicadores tradicionais de produtividade, utilizam-se outros quesitos, como a estabilidade e a sustentabilidade da produção, assim como o bem-estar e a justiça social, na avaliação dos processos do desenvolvimento agrícola (Kitamura apud Schettino; Braga, 2000, p. 20).

*cultura sustentável)*. Não obstante, o mesmo sobrevive até hoje da economia agrícola de uma propriedade de 25 hectares.

Em Tartarugalzinho, me deparo com situações diversas que me possibilitam ter no local um laboratório rico em descobertas e experiências participativas. É bem verdade que o ser humano está sempre em busca de novas idéias, conhecimentos técnicos, científicos, enfim, quem não quer ser conhecedor do que existe e pode existir ao seu redor?

Sei que não é fácil conquistar o espaço em meio a tantos contratempos, comodismo às vezes, no entanto, em certos aspectos, estou conseguindo adquirir e passar conhecimento, até mesmo porque há troca entre mim e o agricultor. Tartarugalzinho é muito rica na sua biodiversidade e, já que você não teve a oportunidade de conhecer, imagine você trabalhar em uma comunidade na qual não existe racionamento de água, pois os mananciais permitem aos que residem no local – e aos que ali trabalham também – um belo banho na hora de descanso.

No que diz respeito às lideranças locais, estão procurando se organizar. O município de Tartarugalzinho, mesmo com a sua grande riqueza natural, ainda é um município muito pobre economicamente, considerado e relacionado entre os municípios mais pobres da nação. Por essa razão foi incluído no Comunidade Solidária, Programa do Governo Federal, que possibilitou a criação do Fórum de Desenvolvimento Local Integrado e Sustentável de Tartarugalzinho (FDLIST).

Foi uma grande conquista da comunidade local criar este conselho que é representativo, pois na sua conjuntura participam órgãos das esferas federal-estadual-municipal, e dentro da conformação do Conselho participam pessoas ligadas à saúde, educação, agricultura (Rurap), ao poder Judiciário, Executivo e Legislativo etc. e ainda a bancada dos representantes das Associações de cada comunidade. O FDLIST já teve várias conquistas:
- Elaboração de metas de infra-estrutura/saneamento básico, o que já está acontecendo.
- Tratamento de água, energia 24 horas, o que já é realidade.
- Construção de postos de saúde etc.

São vários itens já conquistados com a participação da comunidade, e neste ano nós já fomos acionados para nos reunir e elaborar os projetos para a captação dos recursos disponíveis conforme as prioridades relacionadas nos planos de metas efetivas para 2001. Tudo o que foi conquistado até hoje e o que tem por vir tem um preço: o de se doar pela causa, "carregar a cruz", num sentido figurado, em que a conquista dos objetivos paga o teu "salário", o sorriso de satisfação de um produtor agraciado por um "muito obrigado" nos motiva a ir mais além sem pensar nas dificuldades.

Desculpe se no que faço esteja sempre de regozijo da minha parte, pois eu aprendi assim; trago de berço, não posso mudar meu modo de transmitir aquilo que penso, aquilo que faço.

Como falei no primeiro módulo e agora no segundo sobre como discutir com o produtor a relação da adubação orgânica/química, a recuperação do solo com culturas específicas da região, e o bem-estar econômico-social, eu acredito que, como técnico, tenho que influenciar positivamente a comunidade em que vivo e futuramente meus filhos viverão.

A questão do bem-estar econômico é viável sem alterar o meio de que desfruto, constituindo, assim, desenvolvimento sustentável, mas é preciso conscientizar e fazer parceiros. Jesus, quando quis falar do evangelho, a primeira coisa que fez foi formar discípulos para o ajudar. Nós como técnico/agricultor, temos que fazer o mesmo: conscientizar o produtor e a comunidade de que temos condições de desfrutar do meio ambiente de maneira coerente sem alterar significativamente sua estrutura.

O **Projeto Lumiar** foi criado no governo Fernando Henrique Cardoso para garantir a viabilidade dos assentamentos. Destinou-se a orientar as famílias assentadas na implantação e no desenvolvimento de culturas e pastagens, criação de animais e introdução de novas tecnologias, por meio da contratação de técnicos escolhidos pelos próprios assentados (Projeto, 2007).

Um dos problemas de Tartarugalzinho pode enfrentar daqui a poucos dias é o êxodo rural. Devido a algumas medidas do *Projeto Lumiar*, que elaboraram projetos/pacotes não condizentes com a realidade dos agricultores locais, projetos malfeitos, não-participativos, em que a necessidade do produtor dentro do projeto não foi ventilada.

Os assentamentos do Incra são mal planejados, as vias de acesso são precárias, a distribuição de crédito habitação é desorganizada e a assistência técnica da época da explosão da reforma agrária (Projeto Lumiar) que não "luminou" nada, seguindo depoimentos de alguns produtores, o que fez foi "escurecer tudo". Tartarugalzinho é ainda município de pouca infra-estrutura que não comportará os anseios e a problemática de cinco assentamentos com uma média de 150 famílias assentadas.

No entanto, o Rurap, já entrou na área e estamos assumindo o maracujá, no intuito de criar mecanismos que permitam a permanência do produtor na área, a fim de evitar o êxodo rural. Ainda assim, temos que nos precaver para que outros assentamentos não sejam criados dessa forma.

Em síntese, o que eu gostaria de enfatizar neste relato é que o trabalho coletivo, a troca de conhecimento produtor/agrícola, a valorização dos conhecimentos locais e do meio ambiente possibilitam desenvolver um bom trabalho no campo.

Marcos, quero te pedir desculpas por não ficar até o final do curso, pois ele foi marcado em cima de uma data que, para mim, é indiscutivelmente intransferível: o dia do meu casamento. Me deseje sorte. Sucesso para você do amigo.

Macapá, 28 de setembro de 2001.

## Carta de Elisabeth Maria Foschiera para Dilberto Maia Rosa

Passo Fundo, 12 de dezembro de 2001.
Oi, Dilberto!
Primeiramente gostaria de cumprimentá-lo pelo teu casamento, desejando, para vocês dois, além de sorte muita paz, saúde e felicidade.

Eu sou Elisabeth Maria Foschiera, bióloga, professora da rede estadual, mestre em Educação, sendo que meu trabalho de dissertação foi na área da educação ambiental, a respeito do Projeto Pró-Guaíba. Sou natural de Guaporé, um município pequeno distante 100 Km de Passo Fundo, cujos habitantes são, na maioria, oriundos de pequenas propriedades rurais, netos, bisnetos ou tataranetos de imigrantes italianos. Por isso, naquela região se come muita polenta, salame, queijo e se toma muito vinho do nono!

Faz quinze anos que moro em Passo Fundo; ainda não me adaptei ao lugar, e sonho em voltar para a região onde nasci. O povo daqui, apesar da distância ser pequena, tem uma cultura diferente, parece que não gosta muito do lugar onde mora. Por exemplo, em Guaporé, minha mãe e todas suas vizinhas cuidam do canteiro central da avenida em frente de sua casa, plantando flores, grama, não deixando acumular lixo. Aqui em Passo Fundo, no prédio onde eu moro, os meus vizinhos (não todos) não são capazes de cuidar nem do corredor, que é nosso, quem dirá pensar em pedir para cuidar da avenida que é de todos.

Gostei muito do teu comentário provocando o Marcos sobre sua cidade que não tem racionamento de água, você acabou me provocando também. Morro de inveja (no bom sentido) das pessoas que moram em lugares como você e tenho esperança de, um dia, ainda poder ter minha casinha com cachorro, gato, porco, vaca e outros bichos mais, pois aqui não dá para morar em casa se não tiver cerca elétrica, guarda, alarme. E eu, como fico quase todo dia fora de casa, como também o meu companheiro, somos obrigados a morar num apartamento para ter um pouco mais de segurança.

Outra coisa que me chamou atenção no seu texto foi a importância que tu dás a família, aos princípios que teus pais transmitiram a você. Acho que nesta questão tu provocas uma reflexão a respeito das crianças que moram nas cidades grandes do nosso país. Grande parte destas crianças não possui família estruturada para poder receber estes princípios. Ficam literalmente abandonadas no mundo. Os pais trabalham o dia inteiro longe dos filhos, diferente do meio rural, onde os pais podem levar os filhos junto, e o pouco tempo que resta ficam assistindo ao show de violência ou, como diz o Frei Beto, ao show de idiotização, com que a televisão nos presenteia diariamente.

Achei muito legal o teu trabalho no Rurap. Aqui temos a Emater, que faz um trabalho semelhante. Também percebi que no Rurap tem pessoas com idéias diferentes. Você está muito preocupado com a *agricultura orgânica, ecológica*. Mas os textos de outros colegas teus demonstraram idéias um pouco diferentes. No nosso estado, a Emater, desde 1999, faz um trabalho voltado para a agroecologia, mas tem muito técnico que ainda tem a cabeça dos outros governos e continua defendendo como grande avanço fazer a *lavagem tríplice* dos vasilhames de agrotóxico. Acho que fazem isso para desviar a atenção dos 5, 10 ou 50 litros de veneno que espalham nas lavouras.

Meu companheiro trabalha no Cetap (Centro de Tecnologias Alternativas Populares), que é uma ONG voltada para a agroecologia e agricultura familiar. Atende associações de agricultores, sindicatos, cooperativas e assentamentos do Movimento Sem-Terra. Também faz algumas atividades junto com a Emater.

Atualmente trabalho na Coordenadoria de Educação, ou seja, a representação da Secretaria de Educação do Estado na região de Passo Fundo. Atendemos a 33 municípios com 140 escolas estaduais. Sou a representante da educação ambiental na coordenadoria.

Mas não trabalho sozinha. Temos um grupo de professores (Grupo de Apoio em Ciências Ambientais da Coordenadoria de Educação) representantes de 13 escolas estaduais, que se reúnem

**Agricultura orgânica e a agricultura ecológica** procuram o equilíbrio entre as plantas cultivadas, os seres vivos do ecossistema e o desenvolvimento da vida do solo, de forma que ocorra uma interação harmoniosa entre o homem com o meio ambiente. Para atingir esse equilíbrio, a agricultura orgânica preconiza alguns princípios fundamentais: eliminação definitiva dos fertilizantes químicos, controle de pragas e doenças com pulverização de produtos naturais, incentivo de defesas naturais e promoção da biodiversidade.

**Lavagem tríplice** consiste em um procedimento de limpeza para o acondicionamento de embalagens de agrotóxicos. O usuário deve realizá-la em embalagens vazias juntamente com suas tampas e rótulos, até que sejam devolvidas nas unidades de recebimento ou nos estabelecimentos comerciais onde foram adquiridas, conforme disposição da Lei n. 9.974, de 6 de junho de 2000 (Brasil, 2000a).

> A Política Nacional das Águas, instituída pela Lei Federal n. 9.433, de 8 de janeiro de 1997, cria o Sistema Nacional de Gerenciamento de Recursos Hídricos, no qual integram os **Comitês de Bacias Hidrográficas**. Os Comitês são formados por membros da sociedade civil e das esferas governamentais, tendo como área de atuação as bacias hidrográficas. Têm a competência de promover o debate de questões relacionadas aos recursos hídricos e de articular a atuação das entidades intervenientes, aprovando e acompanhando o Plano de Recursos Hídricos da Bacia (Brasil, 1997).

toda semana, na terça-feira, para discutir ações nas escolas e no município a respeito das questões ambientais.

Uma das ações mais significativas que realizamos foi o convênio das escolas para a compra de merenda ecológica direto do produtor. Todos os sábados de manhã acontece, numa praça da nossa cidade, a Feira Ecológica, em que grupos de produtores ecológicos dos municípios vizinhos vêm vender seus produtos. Temos seis escolas comprando semanalmente estes produtos, fazendo a complementação da merenda que vem de Porto Alegre. Não podemos ampliar ainda, porque os produtores não têm produção suficiente para atender às 40 escolas de Passo Fundo.

Além da merenda, temos ações quanto à questão da água (Romaria das Águas, Semana Interamericana da Água), debates a respeito da privatização da água; também estamos organizando os *Comitês de Bacias* no nosso estado; lutamos pela preservação dos banhados, dos mananciais, do olho d'água, pois o nosso prefeito e sua equipe, que é do partido do ACM e da Roseana Sarney, detestam os recursos naturais, adoram asfaltar tudo.

Passo Fundo recebeu muitos agricultores expulsos de suas terras e que hoje vivem na periferia da cidade à custa da coleta de lixo que nós desperdiçamos. Fazemos um trabalho com estes catadores, junto com a promotoria pública, pois nossa cidade ainda tem lixão.

Os nossos administradores municipais, apesar de serem a favor do progresso e de se acharem muito evoluídos, ainda não conseguiram resolver o problema do destino adequado do lixo produzido pelos passo-fundenses.

Nosso grupo não trabalha sozinho na nossa cidade. Existem entidades ecológicas (Gesp, Cetap, Cctam, Guardiões da Vida), entidades governamentais (Emater, Corsan, Patram,

Promotoria, Coordenadoria de Saúde), que juntas procuram construir propostas para um desenvolvimento que preserve a vida.

Gostaria de relatar um fato que aconteceu esta semana na nossa cidade e que foi motivo de muita briga. A prefeitura, mais especificamente a Secretaria de Serviços Urbanos, liberou um evento no centro da cidade, no meio da Avenida Brasil (a maior da cidade), para a APAE, entidade que trabalha com crianças que apresentam necessidades especiais. Qual foi a nossa surpresa quando começaram a instalar um barco *viking* e uma roda-gigante no canteiro central da Avenida Brasil.

Além disso, também estavam colocando outros brinquedos, praça de alimentação com 700 cadeiras, várias tendas e uma parafernália de som. Nossas entidades entraram em ação e conseguimos interditar os brinquedos maiores. Infelizmente, ainda funcionou parte da praça de alimentação, alguns brinquedos menores, e o som ficou ligado os três dias (sexta, sábado e domingo), das 9 horas da manhã até as 10 horas da noite, direto, sem nenhum intervalinho. Claro que a gente gosta de música e de festa, mas quando a gente está em casa e a festa é ali, e não dá para fazer nada a não ser curtir aquilo que a APAE resolveu organizar, é falta de democracia, não achas?

Eu e os moradores vizinhos desta festa não conseguimos, estudar, ler, (nem fazer este texto), assistir TV, ouvir rádio, sentar na praça para tomar chimarrão, conversar com a família. A música estava com volume tão alto que a gente só podia escutar aquilo. Este fato nos leva a pensar que precisamos urgentemente fazer acordos para viver em cidades do porte de Passo Fundo, discutir o tal do *Estatuto da Cidade*.

A APAE fez este evento para arrecadar fundos, pois o governo não tem cumprido com suas obrigações no sentido de garantir o funcionamento desta entidade. Por isso, ocupam uma praça, destroem grama, calçada, árvores, espalham lixo (copos, garrafas, papéis), poluem o ambiente com som muitas vezes de lixo mu-

**Estatuto da Cidade**
Criado pela Lei n. 10.257, de julho de 2001, estabelece diretrizes gerais da política urbana, normas de ordem pública e interesse social que regulamentam o uso da propriedade urbana em prol do bem coletivo, da segurança e bem-estar dos cidadãos, bem como do equilíbrio ambiental (Brasil, 2001).

**Zona livre de transgênicos**
Refere-se à zona livre do cultivo de variedades geneticamente modificadas, pela proibição do cultivo dessas variedades, de forma a respeitar o poder local ou, em casos específicos, as zonas de amortecimento das unidades de conservação.
De acordo com a Lei n. 11.105, de março de 2005, organismos geneticamente modificados (ogm), também conhecidos como transgênicos, são aqueles cujo material genético foi modificado por qualquer técnica de engenharia genética (Brasil, 2005).

sical, espantam os poucos passarinhos que ali vivem e impedem que os seres humanos (também animais), possam curtir a praça no fim de semana.

Esse é um exemplo das brigas diárias que temos na nossa cidade sobre a concepção de cidade, de progresso, de desenvolvimento, de qualidade de vida, de lazer etc.

Bem, gostaria de dizer também que, apesar de ouvir muito falar do Amapá, da Amazônia, e imaginar ser maravilhoso, tenho muito orgulho de morar no Rio Grande do Sul, estado onde elegemos um governo comprometido com um projeto de sociedade que contempla a vida. Lutamos por uma *zona livre de transgênicos*, pelo fim do uso de venenos, pela agroecologia, contra a entrega das empresas nacionais para grupos estrangeiros, pela distribuição de renda, pela reforma agrária, pela universidade estadual, pela escola pública de qualidade, pelo reflorestamento, enfim lutamos diariamente por um projeto contrário ao projeto que está instalado no Palácio do Planalto em Brasília.

Quanto ao 11 de setembro, estranhei um pouco a posição da maioria das lideranças dos partidos de esquerda da nossa região e do estado. Falavam mais contra o ataque do Bin Laden que do Bush. Parece que estão com medo.

Tenho consciência de que vamos pagar caro pelo que houve, mas se não tivesse acontecido o ataque nas Torres Gêmeas, ia ser muito diferente? Acho que não. Os americanos estão tomando conta do Brasil, com ou sem ataque terrorista. Mandam e desmandam, levam embora nossas riquezas desde a época do descobrimento, nossa biodiversidade, e agora querem nossa água. Acho que com ou sem ataque, nosso sofrimento é o mesmo. Quanto ao Bin Laden, admiro sua competência de fazer um cálculo perfeito na sua ação. Quem de nós seria capaz de organizar tamanho acontecimento? Se tem ou não americano ou gente do governo americano envolvido eu não sei, mas sei que o povo americano já não tem o nariz tão empinado como antes.

Chega de papo, né. Já escrevi bastante.

Dilberto, gostei muito do teu texto, ele passa um pouco da pessoa comprometida com a vida e com outro projeto de sociedade que tu és. Desejo para ti, tua esposa e teus colegas, um feliz natal, uma ótima virada de ano, e que Deus nos "lumie" de verdade, a todos e a todas, que tenhamos esperança e força para construir um projeto de sociedade, de desenvolvimento, de mundo diferente deste que estamos vivendo. Também acredito que outro mundo seja possível.

Abraços, da amiga

Observação: Nunca tinha ouvido falar em Tartarugalzinho. Gostei do nome. Até porque o único bichinho que tenho em casa, digo, no apartamento, é uma tartaruguinha.

## Carta de Mauricio Padresi Martani

Macapá, 28 de setembro de 2001.

Trabalho em Ferreira Gomes, cidade localizada a 140Km ao norte de Macapá. Ferreira Gomes é um município privilegiado, a BR 156, estrada que liga Macapá ao Oiapoque, passa por lá levando asfalto e turistas que vão descansar nos fins de semana, feriados e se banhar nos rios e cachoeiras que lá se encontram.

Com uma beleza pouco aproveitada, tem um grande potencial turístico só que, infelizmente, não tem infra-estrutura para atender o turista pois apesar de ter três hotéis, eles não oferecem vagas suficientes, como quando tem algum evento na cidade, como o carnaguari (carnaval fora de época), que chega a ter cerca de mil turistas (sendo que a população ferrerense é de 3.600 habitantes).

Cada hotel deve ter, no máximo, 60 vagas. No dia seguinte à festa, vemos as pessoas tomando banho no rio com a roupa que passaram a noite; uns dormem em bancos da mesa de bar, outros dormem nos carros. Os que têm amigos na cidade logo procuram uma casa para armar a rede e descansar para mais uma noite de festa.

Moro lá desde agosto de 2000, onde fui recebido pelos meus colegas de trabalho Ely (chefe do escritório, técnico agrícola); Luiz Carlos (técnico agrícola); Nazaré Mareco (agente administrativo); "seu" Raimundo (piloto pluvial e, nas horas vagas, diácono da igreja católica); após dois meses de trabalho, entrou outra colega no escritório, dona Hilda (agente de serviços gerais) dando uma "geral" no escritório e melhorando o ambiente de trabalho.

Ely me apresentou ao município, me levou às comunidades onde o Rurap presta serviço. Ele me apresentou a presidentes de associações e produtores rurais, além, é claro, a rica natureza deste município.

Nessas andanças, conheci as corredeiras do rio Tracajatuba, que deságua no rio Araguari. No Tracajatuba temos a formação de pequenas cachoeiras (com mais ou menos 5 m) de água limpa e transparente, onde pescar vira covardia. O único problema são os piuns (mosquitos borrachudos) que literalmente botam as pessoas menos preparadas (sem repelente, calça comprida, camiseta de mangas largas, chapéu e véu sobre a cara...) para correr. Faz lembrar Ilha Bela, litoral norte de São Paulo, só que um pouco pior...

Conheci também um sítio arqueológico com vários tipos de escrituras sobre as pedras com desenhos circulares de animais (tipo um cervo), mas que infelizmente não tem nenhuma proteção.

Como vim de outro estado, acabei ganhando alguns pais "adotivos". Meus pais legítimos estão em São Paulo, toda semana falo com eles por telefone. Meus pais adotivos aqui no Macapá são a família do Rurap: é o Ely, com quem convivo 24h por dia. Ele é um segundo pai para mim, veio de São Paulo – São José dos Campos – na época do projeto Rondon, no qual havia troca de estudantes de várias partes do Brasil, e acabou ficando.

Em Ferreira Gomes, moro no escritório do Rurap; onde há dois quartos conjugados ao escritório. Fico em um quarto e no outro, o Ely. O Luiz Carlos mora em uma casa alugada pelo Rurap com a esposa e as duas filhas. A Nazaré e o "seu" Raimundo (piloto fluvial) têm casa própria em Ferreira Gomes.

Dona Hilda mora em uma velha casa onde ficavam alojados os extensionistas. Lá ela mora com mais sete pessoas, incluindo marido, filhos, netos... O escritório local está em péssimas condições, com paredes comidas pelos cupins, quando já não caiu alguma telha. Já foi solicitada a construção de um novo escritório há cerca de quatro anos, e tem se reiterado esse pedido constantemente através de memorandos. Outra solicitação foi a compra de coletes salva-vidas, mas infelizmente, desde a minha chegada, ainda não foi atendida. Necessitamos de dois coletes no mínimo, para realizar com segurança nosso trabalho no Rio Araguari e de um computador para desburocratizar a elaboração de projetos a produtores rurais além de facilitar o serviço de escritório, como elaboração de relatórios, laudos, memorandos, ofícios, e por aí vai.

O bom de morar no escritório é que não pagamos aluguel, água e luz. O ruim é fazer plantão 24 horas e às vezes, temos que sair no meio da noite para atender a um produtor.

No meu dia-a-dia de trabalho, procuro obedecer a uma agenda mensal: toda quinta-feira, com exceção desta (27/09/2001), visito propriedades rurais ao longo do rio Araguari.

Faço o meu serviço orientando, demonstrando métodos de aplicação de medicamentos e vacinas, quando tenho mais tempo paro para tomar um café e conversar. Nesta época do ano, por causa do verão e da vacinação contra febre aftosa, não há muito tempo para conversa.

A população de Ferreira Gomes vive basicamente da agricultura de subsistência, sendo que o dinheiro que circula na cidade provém de funcionários de empresas particulares, como a C. R. Almeida, que está continuando a construção da BR 156, de funcionários públicos e dos turistas.

Já houve duas discussões (desde a minha chegada) sobre os problemas ambientais. A primeira foi no ano passado, em novembro, patrocinada pelo Sebrae. A outra foi no mês passado, através de um fórum participativo, patrocinado pela Secretaria de Meio Ambiente, com representantes de vários setores do estado e da cidade, como Incra, Ibama, Rurap, Polícia Federal, Batalhão Ambiental, professores e representantes de associações etc.

Foram discutidos vários problemas, vou citar os de maior importância:

- Falta de local adequado para depositar o lixo que existe na cidade, pois o lixão fica próximo a um igarapé, havendo a necessidade de construir um aterro sanitário.
- Falta de uma escada na represa hidroelétrica Nunes, no rio Araguari, para a piracema. Como solução, seria a construção da escada ou o repovoamento do rio através de convênio entre a prefeitura municipal, o estado e a Eletronorte, aproveitando tanques de criação de peixes abandonados pela gestão municipal passada.
- Desmatamento de *matas ciliares* e de floresta para criação animal ou de culturas. Como solução, estar mais ativos e participativos na orientação de produtores rurais, dando alternativas para o reaproveitamento de áreas degradadas.
- O matadouro municipal funciona dentro do município de Ferreira Gomes próximo ao rio Araguari, parte dos resíduos acabam parando no rio. Além disso, as pessoas carentes pegam o "bucho" do animal e limpam no rio, tendo uma contaminação orgânica muito alta. Como é uma fonte de renda do município, fica difícil tomar uma decisão mais drástica, e não se tem um responsável pela matança, o que por lei é obrigatório. Escuto relatos semanalmente de moradores reclamando que compraram carne e ela não estava própria para o consumo. A solução seria a construção do matadouro

**Mata ciliar** é a vegetação ao longo dos cursos d'água, sendo essencial ao equilíbrio ambiental dos sistemas aquáticos. A mata ciliar tem a função de controlar a erosão nas margens dos cursos d'água, minimizar os efeitos das enchentes, manter a quantidade e a qualidade das águas, filtrar os possíveis resíduos de produtos químicos, como os agrotóxicos e fertilizantes, além de contribuir para a proteção da fauna local.

em local adequado fora do centro do município e, se necessário, uma fossa ou tanque de tratamento de água. Todas essas questões foram discutidas para se ter um resultado rápido.

Geralmente, esses eventos causam certa expectativa no município, ou comunidade. Muitos dizem para mim. "Ah, já vi essa história antes, é só blá blá blá". Para que não se frustrem expectativas, as autoridades presentes deveriam assinar um documento assumindo certas prioridades e se comprometendo realmente com a causa. As pessoas não vivem só de esperança, mesmo sendo a única coisa que elas tenham. Como minha área de atuação é voltada à criação animal, atendo mais duas comunidades dentro do município, que são Associação dos Professores do Triunfo do Araguari e Associação do São Raimundo.

A Associação do Triunfo tem como presidente um professor e pecuaristas como associados (na sua maioria). Esta associação está com problemas junto ao banco e não podendo assim conseguir financiamento para o desenvolvimento local. Falamos com o presidente, porém como ele é professor, foi deslocado para outra localidade. Os outros associados pressionam para que ele esteja mais ativo ou que passe o cargo a outra pessoa.

Meu papel tem sido orientar para que se resolva logo este impasse, mas isso requer conhecimento de metodologias em organização rural, o que torna difícil para eu ajudar com maior eficiência. A Associação do São Raimundo tem como representante o "seu" Raimundo Pantoja. Com ele temos uma parceria, marcando atividades de acordo com o trabalho dos pecuaristas.

É na sua propriedade que ficamos alojados quando temos que pernoitar. Vamos pescar no final do dia para garantir a janta, e sua esposa, dona Raimunda, faz excelente caldo de peixe para, no dia seguinte, seguirmos. "Seu" Raimundo Pantoja gosta de contar vários "causos", como o do jacaré de um olho só: o outro olho foi ferido, e apesar de muitos tiros recebidos, ainda aparece por lá, sendo que o jacaré deve ter, pelo que ele conta, uns 25 anos de idade.

Quando vou tomar banho no rio, ele me diz: "Cuidado, moço, pois a gente nunca sabe o que tem por aí no fundo". Então, escuto suas palavras, fico com um pouco de medo e não nado muito longe da margem, principalmente se for à noite. Vai que o tal jacaré me mostre seu olho de perto, não quero ver não...

É nessas conversas, contatos e discussões em fóruns que procuro exercer o que aprendi dos conhecimentos de educação ambiental e de minha profissão, procurando abordar temas como poluição de resíduos sólidos na beira do rio Araguari, e sobre os desmatamentos sem necessidade, tentando mostrar a importância de nossos atos.

Muitos já têm esses conhecimentos, à medida em que só tiram do meio ambiente o necessário e conversando sobre seu dia-a-dia no trabalho da roça, pescando, vamos chegando a discussões do que está acontecendo no mundo, como o atentado em Manhattan (NY). Mas vejo que a visão deles está se massificando de acordo com o molde que é passado na TV. A maioria não sabe da história dos Estados Unidos, de como virou uma superpotência, e que para chegar lá teve que pisar na cabeça de pessoas e países, como um executivo em busca da presidência de uma grande empresa. Os agricultores acabam não entendendo por que houve o atentado, e se eles conhecessem um pouco da história dos Estados Unidos, entenderiam. Mas poucos sabem, e é no dia-a-dia que procuro conversar sobre todos os assuntos, até para não ficar sucateado lá no interior.

## Carta de Ana Lúcia Casarotto para Mauricio Padresi Martani

Cachoeira do Sul, 10 de dezembro de 2001.
Maurício, tudo bem?
Eu me chamo Ana Lúcia, e vivo em Cachoeira do Sul. Uma cidade pequena no interior do Rio Grande do Sul, que possui um passado pretensioso, calcado na exploração de

muitos para manutenção e enriquecimento dos grandes latifundiários do arroz.

O passado da cidade você pode imaginar: uma cidade empobrecida, que ainda conta com suas histórias de um tempo de riquezas e ostentação por ter muito pouco de sua história recente para contar.

A cidade é "dirigida e explorada" por um pequeno grupo de famílias que detêm o poderio dos meios de comunicação, do transporte, dos mercados e dos principais cargos políticos, à semelhança de muitas pequenas repúblicas do Norte do país.

Por conta dessa realidade coisas incríveis acontecem, como por exemplo um porto que foi construído pelos governos anteriores unicamente com fins eleitoreiros, onde não há trafegabilidade para barcos; asfaltos e calçamentos realizados somente nos locais onde trafegam os ônibus da frota de propriedade da família do prefeito.

São tão incríveis os acontecimentos que, no final do mês de novembro, o prefeito extinguiu todos os cargos de vigilância sanitária, fato que gerou muita polêmica e que mostra o descaso do Executivo com as questões ambientais.

Em Cachoeira do Sul, temos ainda uma universidade, cujas mensalidades são consideradas uma das mais caras do país, situada em uma região onde a maioria das pessoas não tem condições de concluir o ensino médio. Este é o lugar onde vivo, cheio de contradições e onde cada ação em benefício dos que realmente precisam é resultado de muita luta.

Por ser uma cidade com economia calcada na agricultura, freqüentemente temos problemas de contaminação do rio, dos lagos e dos lençóis freáticos pelo uso indevido de agrotóxicos, embora a Emater e algumas outras instituições realizem atividades visando esclarecer os agricultores e modificar muitas concepções e posturas deles.

Apesar de não possuir grandes belezas naturais como no Amapá, temos um manancial hídrico respeitável, e ainda nos resta um pouco de mata nativa, hábitat de alguns animais de pequeno porte, que freqüentemente são alvos de pesquisas que visam a sua identificação e preservação.

Por acreditar que fazemos parte de realidades tão distintas, gostaria que você esclarecesse um pouco mais sobre o Rurap e sobre o clima e vegetação de Macapá. Mesmo no contexto acima, o povo é o grande potencial de Cachoeira do Sul. Povo alegre, que após anos de subserviência aos coronéis do arroz, aos políticos do "jeitinho" e aos padrinhos políticos, felizmente parece, aos poucos, abrir os olhos sobre o que acontece hoje, no mundo, no país e na cidade, modelo este que converge para o esmagamento das diferenças pela supressão dos mais fracos que dão mostras de falência.

Os cachoeirenses descobriram que não precisam de padrinhos ou "jeitinhos", mas de justiça e de direitos iguais. São muitos os que começam a acreditar que é possível um novo jeito de governar, de estabelecer relações economicamente viáveis, ecologicamente sustentáveis e socialmente mais justas.

Não sei se este acreditar em um novo jeito de pensar deve-se a uma ampliação da consciência ou é simplesmente uma esperança a que se agarram aqueles que parecem sentir que, nesse mundo, onde só ganha o mais forte, só tem direito o mais rico e o mais esperto, a maioria das pessoas não terá mais lugar. E é este povo que, timidamente, começa a esboçar algumas ações em busca de um futuro melhor.

Tivemos nos dois últimos anos várias e lindas manifestações, como:

• a passeata pró-UERGS (Universidade Estadual do Rio Grande do Sul) que foi resultante de intensa mobilização para que a cidade tivesse um dos seus cursos;

• o movimento Constituinte na Praça (a Constituinte Escolar é um movimento que ocorre em todas as escolas estaduais e visa repensá-la em vários aspectos, concretizando-se em ações para tornar a escola menos pesada e carrancuda e mais eficiente e prazerosa para todos);

- a gincana da Constituinte Escolar;
- a passeata pela paz;
- o movimento limpa Jacuí (Jacuí é o rio que banha nossa cidade);
- as mobilizações para o *Orçamento Participativo* (dispositivo criado pelo governo para que a população possa controlar e decidir sobre a aplicação de recursos pelo estado);
- o ato-show "Do lado esquerdo do peito: Paulo Freire, vida e obra";
- o movimento das comunidades do Piquiri para obtenção do ensino médio alternativo (forma de garantir acesso ao ensino médio para localidades distantes onde não há escola de nível médio);
- e recentemente a mostra de trabalhos de educação ambiental, desenvolvidos pelas escolas estaduais, realizada conjuntamente com a mostra de trabalhos desenvolvidos pelos grêmios estudantis e o ato-show "Quem faz gemer a terra", atividades que visavam mobilizar a comunidade em torno das questões ambientais;
- observamos nessa mostra que os trabalhos de educação ambiental de nossas escolas ainda têm muito a avançar. Porém, percebe-se o crescimento no que diz respeito à concepção de educação ambiental não como atividade extra da escola, mas como trabalho efetivo e permanente de todos os segmentos da comunidade escolar, onde o ser humano não é visto apenas como integrado ao ambiente, mas como parte dele. A mostra contou com uma variedade de trabalhos na área de agroecologia, charges, reciclagens, organização de histórias em quadrinhos, tratamento de resíduos sólidos, hortas medicinais, painéis com fotos de palestras, seminários e

**Orçamento participativo** é uma prática governamental reconhecida mundialmente, criada com o intuito de submeter o destino de parte dos recursos públicos à consulta pública, mediante reuniões comunitárias abertas ao público, em que primeiramente são coletadas sugestões, depois são votadas as prioridades e, em seguida, encaminhadas ao governo para que atenda à solicitação de investimento público.

outras atividades. O ato-show teve apresentação de paródias, teatro, danças, cantores e grupos instrumentais, todos apresentando trabalhos que reportavam às questões ambientais. Eu faço parte de tudo isso; sou um pouco de cada uma dessas mobilizações, porque acredito que nada, nem ninguém que permaneça estático, pode sobreviver.

Sou professora, assumidamente professora, atuo durante o dia na 24ª Coordenadoria de Educação e à noite em uma escola. Gosto do que faço, e especialmente do trabalho com adolescentes. Não acredito que eles sejam alienados, como as pessoas gostam de dizer. Acho que os jovens hoje são menos preconceituosos, mais bem informados e abertos às mudanças.

Acho que sofrem muito pelas imposições do mundo moderno, pois convivem com a falta de perspectiva de emprego, com a competitividade do mercado, com a supervalorização do "ter" sobre o "ser" (*origem do consumismo*). São, de uma certa forma, carentes de um pouco mais de atenção, muitas vezes, não ocorre por descaso dos pais, mas simplesmente porque estes também estão inseridos no contexto e precisam trabalhar.

Às vezes, meus alunos me parecem ser meninos que apenas cresceram demais. Por isso acredito que mais que a matemática ou a estatística que eu lhes possa ensinar, posso ensinar-lhes a desempenhar com paixão suas funções a estarem por inteiro em tudo o que fazem, porque não sei fazer nada pela metade, sem paixão, sem tesão, sem vontade.

E o bom de tudo isso é que possuo um grupo de colegas e amigos que, apesar da quantidade e dificuldade de funções que executam, são pessoas que como eu: teimam em não perder o riso e a leveza da criança e a rebeldia questionadora do adolescente. O convívio com estas pessoas torna as lutas mais amenas e, com certeza, a cada dia me torna uma pessoa melhor. Gostaria de encerrar esta carta, relato, lição de casa, ou sei lá como se chama, com um pensamento:

"É preciso acreditar que a mudança é possível" (Paulo Freire).

Ana Lúcia Casarotto

## Carta de Hermínio Morales Sandiford

Macapá, 28 de setembro de 2001.

Resido na comunidade do Macará, que pertence ao município de Mazagão, há 18 meses. Fui convidado pela Associação de Trabalhadores Extrativistas da Reserva de Macará para lecionar extrativismo e zootecnia na Escola Extrativista do Macará.

A metodologia educacional utilizada é a *Pedagogia da Alternância*, em que o estudante fica um período na escola e outro em sua residência. A Pedagogia da Alternância é uma forma de educar que acredito ser a que mais se aproxima da realidade do campo.

Pela escola ter regime de semi-internato, há uma convivência muito grande entre as pessoas envolvidas: professor-professor, professor-aluno e vice-versa, e acaba, de fato, se formando uma grande família.

Por ser natural do Panamá, a minha família reside lá, mas tenho uma grande esposa e uma linda filha que vivem em Macapá, não sei o que seria sem elas. Todos procuramos ser felizes juntos, mesmo numa casa humilde, mas com o conforto necessário, para o bom repouso depois de um dia de trabalho. Nas horas vagas gosto de conversar, adoro um bom

> A **Escola Família Agrícola** (EFA) teve sua origem no interior da França, no ano de 1935. Atualmente, as EFAs estão em todo o mundo. No Brasil, encontram-se unidades nos diferentes estados.
> As EFAs baseiam-se em um método denominado **Pedagogia da Alternância**, que procura enfrentar situações peculiares da zona rural, como o distanciamento da abordagem escolar dos estudantes da zona rural e do meio em que vivem. Em geral, o ensino regular é voltado às atividades urbanas.
> A Pedagogia da Alternância proporciona aos estudantes alternar sessões nas unidades escolares, em que os alunos recebem conhecimentos gerais e informações técnicas voltadas à área agrícola e sessões junto à família e à comunidade, onde exercem a prática dos conhecimentos adquiridos.
> Os objetivos principais da EFA estão voltados à formação integral do aluno, promovendo o desenvolvimento do meio rural; o fortalecimento das pequenas propriedades; a difusão de novas tecnologias; o incentivo da participação dos pais na vida escolar dos filhos; e a redução do êxodo rura (Nascimento, 2004).

As **Reservas Extrativistas** são espaços territoriais destinados à exploração auto-sustentável e à conservação dos recursos naturais por populações tradicionais. Essa categoria de Unidade de Conservação tem o desenvolvimento sustentável como princípio, equilibrando interesses ecológicos de conservação ambiental com interesses sociais, para a melhoria da qualidade de vida das populações locais.

A proposta de Reserva Extrativista originou-se da luta dos seringueiros, povos que viveram explorados secularmente pelos patrões da borracha nativa na Amazônia. O processo iniciou-se em Xapuri, no estado do Acre, onde Chico Mendes se destacou como liderança por meio do Sindicato de Trabalhadores Rurais.

Atualmente, a Reserva Extrativista é categorizada como Unidade de Conservação de Uso Sustentável, através da Lei n. 9.985, de 18 de julho de 2000, que cria o Sistema Nacional de Unidades de Conservação (SNUC) (Brasil, 2000b).

papo! E de tomar minhas geladas afinal, *"nadie es de hierro muchacho"*.

A comunidade do Macará surgiu nos anos 40 com a extração da borracha (hoje inexistente) e da castanha do Brasil (hoje principal atividade econômica da região). Podemos dizer que Macará foi abençoada por Deus e é bonita por natureza. Possui uma floresta exuberante, um rio lindo (rio Macará), que corre em um único sentido e antes de desembocar no rio Amazonas nos enche os olhos com lindas cachoeiras; a ser enquadradas na categoria de *Reserva Extrativista* para que fossem preservadas sua flora e fauna, principalmente das centenárias castanheiras, mola mestre da economia local.

Seus moradores são verdadeiros extrativistas. Vivem da pesca de subsistência, da extração da castanha para sua comercialização, assim como de óleos e plantas medicinais para uso na medicina popular.

A única atividade agrícola é o cultivo da mandioca. Hoje estão acontecendo algumas modificações (introdução de sistemas agroflorestais e cultivo de arroz, abacaxi etc.) pelo trabalho de extensão rural do estado e por sua população ser composta por migrantes do Pará, Maranhão e Ceará que possuem aptidão agrícola, eles passam a trabalhar mais a terra. A região de Macará possui cavernas que confirmam a presença indígena, locais que já serviram de estudo ao museu Goeldi do Pará. Nos últimos anos, o governo do estado tem dado bastante importância a esses locais, tentando proteger os utensílios etc. que ainda existam nessas cavernas e, com medidas adotadas pela Secretaria de Turismo, que já estuda a região para que faça parte da rota do Ecoturismo Amapaense.

Como toda pessoa do interior, os moradores parecem não ter pressa, sabem que a natureza a seu redor está a seu dispor para ajudar-lhes na caça, pesca, extrativismo vegetal. São pessoas religiosas, principalmente com os Santos Padroeiros. Quando realizam festas, que chegam a durar até cinco dias, como é o caso da festa de São Tomé. (O santo que me desculpe, mas eu acabo batizando a festa do "Santo Mé", pois nunca na minha vida tinha visto se beber tanta cachaça na festa de um santo...).

Outra atividade importante na comunidade é a confecção de artesanato com a utilização do cipó titica, muito abundante na região. Tiveram de ser tomadas algumas providências pela Sema do estado para evitar a exploração predatória. São artesanatos lindos, complementados com sementes, cascas etc., feitos por mulheres que são verdadeiras artistas ou, melhor dizendo, verdadeiras artesãs.

Na comunidade existem até cantores, pessoas que levam tão a sério o assunto que sonham em gravar um "CD". É o caso do "seu" Dico, pessoa com quem tive grande amizade. Ele é pai de 9 filhos, cria todos com muito amor e responsabilidade. Aprendi muito com ele sobre o local. Sinto muita saudade da pescaria e passeio de canoa, onde sempre cantava alguma música inédita de sua autoria.

Uma pessoa misteriosa do local é o sr. Ribamar, ou "seu Riba", como é conhecido. Descendente dos negros do Mazagão, migrou para a comunidade e foi morar em um dos locais de difícil acesso da região. Fica tão afastado que, andando na mata, levaria em torno de cinco dias para chegar à vila do Macará. Já ouvira relatos sobre os poderes e conhecimentos do "seu Riba" que instigaram minha curiosidade para conhecê-lo, até que a oportunidade chegou.

Depois de uns goles de cachaça, ele, com sua fala mansa, contou a sua história, que começa com sua iniciação na religião Afro, na qual aprendeu orações para mau-olhado, inveja, maus espíritos etc. que utilizava para poder viver sozinho por 15 anos na floresta.

Comecei a perceber que "seu" Riba era uma pessoa estudada, com conhecimentos básicos de ciências biológicas. Tinha 2º grau completo e tinha adquirido tantos conhecimentos da flora e fauna da reserva de Macará que daria inveja a qualquer biólogo, antropólogo etc. Continuamos dialogando, e ele disse: "Panamá, (assim sou conhecido), eu tive uma aparição ou visagem que me indicou este lugar como sendo um dos prováveis onde foram enterrados potes de ouro; para saber o lugar exato, tenho primeiro que me purificar, afastando-me das vaidades, riquezas, contato com pessoas impuras, para que a miragem possa de fato me indicar o lugar exato". Perguntei então: "Seu" Riba, e como o senhor faz para ter contato com o feminino naquele lugar? Ele respondeu: "Eu tenho uma reza que eu tenho a mulher que eu quiser, quando eu quiser. Acredite se quiser!". Outra coisa surpreendente em "seu" Riba é seu vigor físico. Ele nunca foi acometido por malária, coisa inédita para a região do Maracá, principalmente para quem vive dentro da floresta.

Na época da seca, o rio Maracá, principal rio da região e que alimenta os igarapés, abaixa seu nível d'água, ficando mais fácil a captura de peixes de maior valor comercial. Época em que a fiscalização da Polícia Ambiental é maior e acaba causando atrito com os moradores, que reclamam que a fiscalização é muito rigorosa com eles, que precisam do peixe para sua alimentação, e é frouxa com invasores (geleiras), que aproveitam a calada da noite para entrar em igarapés com faróis de milha e retirar grandes quantidades de peixes nobres.

A Reserva do Maracá, por sua grande extensão, necessita de uma melhor fiscalização. Ocorrem retiradas de madeira, cipós, óleos e peixes só depois que acontecem são tomadas providências.

Maracá está localizada na Zona Sul do Estado, hoje chamada área prioritária. Recebe freqüentemente a visita do governador e outras autoridades para discutirem problemas da comunidade. Maracá é privilegiada nesse sentido, pois possui uma associação que tem crédito com o governo.

Na região já foi instalado um centro de formação com infra-estrutura necessária, onde hoje funciona a escola-família do Maracá. Foi local de atuação de várias ONGs, com projetos financiados pelo governo alemão, que ajudaram no desenvolvimento da comunidade. Outras instituições, como o Sindicato Nacional dos Seringueiros, Senar, sindicato dos trabalhadores rurais, Embrapa, Rurap, visitam a comunidade e executam algumas ações, como cursos, palestras, unidades demonstrativas etc. O problema é que muitas delas não têm continuidade e acabam se perdendo no tempo. Hoje a maior reivindicação de Maracá é a instalação de energia elétrica. Dentro da área de saúde, o principal problema é com as epidemias de malária; não há uma ação satisfatória para diminuir esse mal.

A educação ambiental faz parte de nosso cotidiano na escola-família, já que fica localizada às margens do rio Maracá. Diariamente é debatida com os estudantes a importância que o rio tem para a sobrevivência da região e a responsabilidade que nós temos com ele.

No transcorrer do tempo, observamos mudanças na conduta dos alunos, como, por exemplo, acondicionam melhor o lixo, não o jogando no rio. Outros comentavam nas aulas que falaram para os pais evitarem o desmatamento.

Após o acontecimento do dia 11 de setembro nos Estados Unidos, as pessoas da comunidade ficaram preocupadas com as conseqüências que uma possível guerra traria para eles.

## Carta de Solange dos Passos para Hermínio Morales Sandiford

Bagé, 11 de dezembro de 2001.
Prezado Hermínio, como vai?
Sou professora de Ciências, 26 anos de regência, atualmente estou trabalhando na 13ª Coordenadoria Regional de Educação (CRE), setor de Material e Patrimônio, o que considero uma experiência nova e interessante. Assim como achei interessante a metodologia educacional utilizada por vocês – Pedagogia da Alternância – e gostaria que me desse mais

detalhes, visto que possuímos muitas escolas no campo (assentamentos) nesta CRE.

Moro em Bagé, cidade de porte médio, com uma população aproximada de 120 mil habitantes. Bagé é considerado o município onde a pobreza apresenta maior índice. Mas estamos tentando reverter esta triste situação. Já conseguimos, com muita luta, eleger um prefeito que é empreendedor, inovador e cheio de idéias para desenvolver o progresso em nosso município.

No domingo passado, 12 de novembro, a Prefeitura promoveu a 1ª Festa do Churrasco, com a participação de mais ou menos 35 mil pessoas, entre elas o vice-governador do estado, Miguel Rosseto. Foi uma grande festa popular, em que o churrasco (carne assada), prato típico desta região, foi ofertado a R$ 2,00 o quilo da costela bovina, sendo que espetos de madeira, valas abertas no solo e madeira para fogo foram providenciados pela prefeitura.

O evento foi realizado no Parque Esportivo do Militão, uma grande área verde que possui quadras para basquete, campos de futebol e um grande ginásio coberto. No evento ocorreram apresentações artísticas e shows de grupos nativistas. Tudo foi documentado para posterior inscrição da festa, no Guiness Book. Bagé será considerada a Capital Internacional do Churrasco. A próxima festa já tem data marcada, 1º e 22 de setembro de 2002, e você, sua família e amigos de Macará estão convidados.

Meu município apresenta produção essencialmente agropecuária, carecemos de indústrias e de investimentos, por isso, o investimento em turismo. Bagé é também a cidade de acontecimentos que a colocam seguidamente na mídia nacional, como por exemplo: a prisão do juiz Nicolau, em um motel daqui; o balão do norte-americano James Stephen, que saiu da Austrália e veio desabar numa estância – o pessoal da estância estava achando que eram ETs; um vereador de Bagé que, anos atrás, propôs a pena de morte no Brasil. Por conta e risco, dizem até que o Bin Laden anda por aqui (é lógico que não!).

Temos problemas ambientais sérios, como a poluição do único arroio que Bagé possui, atualmente este arroio transformou-se em emissário cloacal. Há um grupo de pessoas, intitulado Ecoarte, que muito tem atuado para a despoluição desse curso d'água. Como você pode deduzir, Bagé não possui rios, e a praia de mar mais próxima dista 200 km: é o Cassino, a maior praia em extensão no mundo.

O nosso clima é de extremos: no verão, temperaturas elevadas e frias no inverno, negativas, com neve e tudo o mais. Costumo dizer que Bagé é a penúltima porteira do mundo em ação ao clima, já que Punta Arenas, no Chile, é a última.

**Livre dos Manicômios**
O movimento da luta antimanicomial atua há mais de vinte anos por uma sociedade livre de manicômios, em que os direitos dos doentes mentais sejam garantidos. No entanto, essa proposta não trata somente de uma concepção que busca o tratamento humanizado dos doentes mentais, mas do desenvolvimento de técnicas e de competências profissionais que representam alternativa concreta à hospitalização como medida de tratamento. Para tanto, se faz necessário que haja investimento efetivo em recursos comunitários e em outros âmbitos da sociedade, como a Previdência Social, o trabalho, a educação e a habitação, a fim de viabilizar a reinserção dos sujeitos em desvantagem social (Rodrigues; Cunha, 2007).

Outra atividade importante na cidade é a confecção de artesanato em lã crua (ponchos e blusas). O couro é usado para a confecção de diversos objetos muito usados por aqui, como mateiras para carregar o chimarrão, porta-cuias, selas para cavaleiros, botas, arreios etc. Falando em chimarrão, ocorreu um episódio interessante com um cidadão porto-alegrense no aeroporto de Brasília ano passado.

Aconteceu que o cidadão é aficionado pelo mate (chimarrão) e levou na bagagem todos os utensílios necessários para prepará-lo, inclusive erva-mate. Ao ter a bagagem revistada no aeroporto, acusou a presença de um objeto de metal (a bomba usada para sorver o mate). Perguntado sobre o que era o objeto, ele respondeu normalmente que era uma bomba. Foi imediatamente cercado por policiais fortemente armados. Até ele conseguir explicar que tipo de bomba era o objeto, foi um sacrifício.

Em Bagé, temos "tipos curiosos" que, por iniciativa de um psiquiatra local, são tratados *livres de manicômios* e integram um grupo de saúde mental, sendo, nossa cidade, no estado, uma das primeiras a ter os doentes mentais integrados à família e à comunidade depois de tratados. O Alaôr, como é conhecido um deles, é uma criança grande (60 e poucos anos), vive "aprontando" e é muito querido. Já recebeu até menção em música nativista de famoso grupo musical do Rio Grande do Sul.

Hermínio, gostaria de escrever mais, bem mais para retratar nossa realidade. Mas sabe como é, final de ano e afazeres mil me impediram de fazê-lo. Reconheço também que me faltou inspiração e criatividade. Enfim, sou limitada na redação. Fiz, tentei o possível.

Termino esta desejando para ti, esposa e filha um Feliz Natal e um Próspero Ano Novo. Que sejas ainda mais feliz neste Macará longínquo deste enorme Brasil.

Em tempo: adorei tuas frases: "Por ser natural do Panamá, a minha família reside lá, mas tenho uma grande esposa e uma linda filha aqui em Macapá, não sei o que seria sem elas. Todos procuramos ser felizes juntos, mesmo numa casa humilde, mas com conforto". Deus conserve tua família com muita saúde e prosperidade.

Um abraço!

## Carta de Maricilda Pena

Macapá, 28 de setembro de 2001.

Estou em Anauerapucu há nove anos, comunidade que está evoluindo devagarinho, ao sabor das marés do rio Amazonas. Lá já chegou a energia e já não escrevo mais à luz da lamparina. Tem escola apenas para os pequenos (de 1ª a 4ª série do ensino básico), os maiores têm que ir a Mazagão. Sim para outro município, pois Anauerapucu fica em Santana, no meio do caminho, após a primeira balsa.

O trabalho que fazemos continua o mesmo: levantamento de propriedade para elaboração de laudos de assistência técnica e projetos de crédito; emissão de carteiras de agricultor, declarações de ocupação e aptidão; assistência ao agricultor e sua família; e apoio a todas as ações que são desenvolvidas para e pela comunidade.

Meu modo feminino de ver e sentir me torna meio "mãezona" de todos, pois me vejo tendo que conhecer os lotes e trabalhos realizados, às vezes com a participação de todos os membros da família; e aí são inevitáveis as perguntas pessoais, os segredos descobertos, discussões de trabalho e por final a formação de um laço de amizade.

E, ainda assim, tenho que ser o "técnico da área" e saber dizer "não" para tomar posições técnicas que geralmente não é o que (os agricultores) querem ouvir. Há dias chegamos a andar de 10 km a 12 km a pé para vistoriar os lotes mais distantes. O carro não chega até lá, mas nós temos que ir e levar o alento (para o animal que se mete lá no meio do mato). Distância não significa esquecimento, pelo menos não para os extensionistas.

Nunca ando sozinha, sempre procuro andar com outro técnico, cuidado este que recomendo aos demais membros da minha equipe. Nunca se sabe onde andam as cobras, porcos-do-mato, jacarés e onças, tão comuns por aqui.

A comunidade é ribeirinha, quase toda cercada por várzea e com muita mata nativa cheia de açaizeiros. O que é um pecado é o retrato da devastação, pois para a retirada do palmito da área se derrubam as árvores que restariam no lote, daí são necessários cinco a dez anos para recuperação parcial. Uma vez que a fauna existente aqui não consegue fugir, morre na panela.

O Incra, através de seu empreendedor social, nos visita mensalmente e aproveita nossa carona para realizar suas atividades. E a bola rola todo fim de tarde, chova ou faça sol. É o momento onde os homens se encontram e falam da vida, trabalho e mulheres.

O padre passa toda semana, às vezes pára, às vezes não. Estamos às margens do rio Anauerapucu, ao lado da ponte pela qual passa a rodovia que liga Mazagão a Santana. Chegamos de carro, mas todas as atividades são realizadas pelo

**Corte raso** é um método de exploração de uma vegetação plantada ou não. O termo se deve ao fato de cortar todos os indivíduos (árvores) de maneira rasa, ou seja, rasante ao solo. O método é muito utilizado para plantações de *Eucalyptus* e *Pinus*. Esses termos são usados tanto em silvicultura de rápido crescimento (*Eucalyptus* e *Pinus*), como em situações de manejo de espécies nativas.

rio, isto é, de voadeira. E lá vou eu de colete salva-vida, chapéu de palha para proteger do sol e um lenço ainda maior para segurar o chapéu, muito bloqueador solar e óculos escuros.

Meu escritório ambulante vai junto, ação itinerante (como prefere o Wilson – diretor) dentro da minha pasta preta. Tento carregar de tudo um pouco.

As crianças são danadas, saem da barriga de suas mães e já estão no rio, nadando feito peixe, e eu, aos 32, tendo que aprender a nadar. Os jovens, mirados na tevê, gostam de jeans e saias curtas. O brega é tocado e dançado em todos os bares/trapiches ao longo das estivas, que são as ruas da comunidade.

Por lá se come muito tucunaré, e, com a saída das águas, o tamoatá, que também aprendi a apreciar, apesar do aspecto pouco amigável. Aqui se toma cuidado com a malária, pela proximidade das matas alagadas, onde se esconde o mosquito. Por falta de cuidados, a malária pode levar à morte.

Não posso esquecer de contar das plantas ornamentais que existem aqui. São helicônias, orquídeas, samambaias e palmeirinhas de fazer inveja. Diversos tons e nuances em meio à mata, sempre com açaí. É triste, mas pela necessidade alguns agricultores (a minoria) fazem o *corte raso* do açaí para a retirada do palmito.

O J., presidente da cooperativa, é um dos principais líderes da comunidade. Ele se impõe pelo grito, ou seja, fala alto e inibe os demais. Foi ele que quase me abateu quando cheguei lá. Hoje conversa comigo e troca idéias em busca de soluções para a vida prática da cooperativa, como discutir a aquisição de equipamentos/implementos agrícolas, o manejo ideal para cada área e os mutirões que ajudam a todos.

Como você pode notar, me sinto intimamente ligada a tudo o que faço e acredito que, em cada ação realizada, se embute o sentido da educação ambiental, pois influenciamos direta e indiretamente os atos dos assentados. Diretamente quando ensinamos a manejar o açaizal ou quando esclarecemos seus direitos; indiretamente quando, com o aumento de produtividade, melhora-se a qualidade de vida do agricultor.

Também são freqüentes as visitas do Batalhão Ambiental, ora com ações educativas, ora fiscalizando, procurando encontrar aqueles que derrubam a mata, caçam e pescam indiscriminadamente.

Atualmente somos bem recebidos por todos da comunidade, mas nem sempre foi assim. No início fomos expulsos, mas a persistência falou mais alto e continuamos nosso trabalho, até que toda a comunidade reconhecesse e quisesse nossa presença por fazermos um trabalho organizado e sério.

O que até então era motivo de reclamação, no caso de assistência técnica, agora se vê garantida e contínua.

O mesmo não podemos dizer do sistema de saúde, insuficiente e recheado de falhas, com um único enfermeiro, sem medicamentos nem equipamento que lhe permita fazer uma sutura e um posto sujo e empoeirado.

Mas a vida continua, e as crianças seguem indo à escola de catraio ou batelãozinho, como eles mesmos chamam as pequenas embarcações de madeira motorizadas, que transportam gente e animais, madeira e açaí.

Para minha surpresa, em uma manhã ensolarada, "seu" Pedro entra no escritório dizendo: "Começou a guerra, tão bombardeando os Estados Unidos, já mataram um bocado de gente, vai chegar aqui. Meu Deus!". E corremos todos para frente da televisão mais próxima: A Globo repetia a cena de dois aviões se chocando com as torres gêmeas do *World Trade Center*.

Lembrei-me do filme *King Kong* e do *Independence Day* mas não era filme, era tudo real. Olhei para trás e vi pessoas com olhos cerrados na tevê e boquiabertos. De repente, alguém perguntou: "Como tiveram coragem de fazer isso? Será que morreu muita gente? Vão atacar a gente também?".

"Seu" Zé pulou e disse: "Desde que não venham bulir comigo..." e foi pro seu lote com uma enxada ao ombro, mas dona Maria José, que puxa as novenas, lembrou que era terça-feira e rezaria por todos no encontro daquele dia.

Assustada e perplexa, não consegui tecer comentários e permaneci o dia com um pesar de luto, um frio que percorria a espinha, sina de medo e ansiedade pelo que ainda há de vir por aí.

Além de tudo isso, tem que sobrar tempo para a família. Meu maridão, o Emanuel, faz trabalho parecido através do Centro Nacional de Desenvolvimento das Populações Tradicionais (CNPT/Ibama), e tentamos alternar nossas viagens para otimizar o tempo que passamos com as meninas, Gabriela e Giulia, com 7 e 2 anos respectivamente, que reclamam saudades e carinhos.

Um dia, cansada, confidenciei ao meu colega J. que o tempo que passo longe das crianças não há dinheiro no mundo que pague, mas o que ameniza tudo é saber que, através de meu trabalho, levo, ou melhor, tento propiciar a melhoria da qualidade de vida de meus semelhantes e sei que um dia minhas filhas vão se orgulhar de mim.

## Carta de Noeli Godinho Schinato para Maricilda Pena

Vacaria, 12 de dezembro de 2001.
Companheira Maricilda,
Retribuindo a tua mensagem, estou enviando esta, com muito carinho, pelos trabalhos que realizamos em Porto Alegre e depois socializado com todos os participantes do módulo de formação em educação ambiental.

Muitos foram os registros, mas marcante, e revivo agora, foi a sua carta. Achei o início muito poético e a frase "Agora já temos energia elétrica, não preciso mais escrever à luz da lamparina".

Esta frase deu acesso a uma viagem no tempo. Voltei ao passado. Nasci no interior da cidade de Lagoa Vermelha (RS) e nos tempos de criança, via meus pais contarem que escreviam, quando estudantes, à luz de lampiões.

Cresci em meio à natureza, ouvindo o canto dos pássaros e correndo livremente pelos campos, pescando e nadando. Passou o tempo, e a infância ficou para trás. Muitas etapas vivi, mas voltei ao interior no início da minha vida profissional como professora. A partir dos relatos dos textos dos companheiros, construo a imagem de que no interior do Macapá a vida parece ser mais "complicada" do que no interior da nossa região.

Dialogando com colegas, nos informaram que o conhecimento da Amazônia ocorre a partir de documentários, revistas, jornais, fotos e de livros de geografia. Nós, que estamos geograficamente tão distantes, temos a impressão de que o Amazônia é um lugar muito quente, com uma fauna e flora muito ricas. Sabemos e lamentamos as explorações, o desmatamento.

Agora um pouco do meu "EU" família, do meu "EU" sociedade e do meu "EU" no contexto urbano. Moro em Vacaria, conhecida como Porteira do Rio Grande (pois é um elo de ligação com o estado de Santa Catarina e o resto do Brasil), a terra da maçã e a "Capital dos Rodeios". Vacaria é uma cidade pequena, a 955 m acima do nível do mar e a 243 km de Porto Alegre.

Tem poucos edifícios, uma catedral lindíssima, em pedra moura, no estilo gótico. Não temos indústrias. Os pomares de maçã estão em alta, mas nos preocupamos com a situação dos trabalhadores dos pomares, pois são explorados, têm baixos salários, jornada de trabalho pesada e são expostos à contaminação química.

Muitos adoecem com freqüência, mas se sujeitam por necessidade. O nível econômico dos vacarianos é de baixa renda. Enfrentamos sérios problemas de desemprego, arrombamentos de residências e violência.

Atualmente trabalho na 23ª CRE (Coordenadoria Regional de Educação) ao lado de pessoas de diversos temperamentos, e é claro de pessoas que conquistaram um lugar no meu coração. São boas companheiras que levam a sério o projeto do governo, o comprometimento partidário.

Nas horas vagas, curto a família, assisto a filmes "jogadona" no meu sofá, faço palavras cruzadas, atendo a telefonemas de amigos (uso e abuso do telefone...) e adoro, no final do expediente, tomar café na padaria, jogando conversa fora com amigos. É muito relaxante. Quer tomar café na padaria?

Há 25 anos resido nessa cidade. Ela mora no meu coração. As pessoas, em sua grande maioria, são hospitaleiras e sinceras. Temos muitos talentos, artistas, pintores de quadros, tecidos e porcelanas e outras tantas pintam o sete!

Ah! Ia me esquecendo: as danças, as trovas e a música fazem parte de nossa cultura tradicionalista. Os vacarienses são um povo alegre, gostam de festa, seja religiosa, tradicionalista, seja particular. O clima de Vacaria é subtropical, com temperatura média anual de 14,7° C, com geadas e até neve.

"Ai, que saudades das nevascas de antigamente." Já não cai neve como nos tempos de criança. A última nevasca foi em julho de 1980. A cidade ficou repleta de branco, coberta de um alvo puro, inédito, diferente. Neve lembra natureza. Natureza lembra meio ambiente. E quando se fala nesse tema, constatamos que a visão da maioria das pessoas de Vacaria resume-se em "coleta de lixo". Nas escolas, o trabalho desenvolvido restringe-se a uma semana ou alguns dias dedicados a limpar o pátio, a visitas nos riachos poluídos, a promover frases como: "Jogue o lixo no lixo".

Mas, há também aquelas escolas que estão trabalhando com seriedade a questão da preservação do meio ambiente como assunto sério e de vital importância, como a Escola Estadual de Educação Básica Prof. José Fernandes de Oliveira. Constatamos isso pelos painéis artísticos que estão expostos na 23ª CRE (Coordenadoria Regional de Educação).

Ao terminar essa etapa, algumas escolas encerram as discussões e a preocupação com o meio ambiente, esquecendo que este é vida, é relação do ser humano na sua totalidade.

As autoridades municipais não têm uma visão diferente, pois existe um local chamado "Usina de Reciclagem", mas na realidade (comprovada por visitas), tem lixo reciclado por algumas pessoas, mas que, no final, não tem o destino esperado: neste local ele é "prensado" e não reciclado.

Gostaria de fazer um comparativo entre atitudes de pessoas que na nossa cidade jogam lixo no chão, e que estas mesmas pessoas quando visitam a cidade de Porto Alegre, colocam o lixo na bolsa ou em lixeiras. Diante desta situação, o que teria que ser feito para reverter atitudes como esta?

As autoridades que mais visitam nossa cidade são políticos e técnicos da área da educação que vêm para inaugurações e visitas oficiais. Nestes momentos se fazem presentes grupos "restritos". Em questão de lideranças, repetem-se ano a ano as mesmas concepções, pois devido à cultura, líderes são "políticos", muito raramente as pessoas se envolvem com lideranças.

Mas devido à proposta deste Governo Democrático e Popular, está iniciando em nossa cidade o envolvimento das pessoas nos movimentos sociais e populares. Quanto ao meu envolvimento na educação ambiental, tudo começou com um convite de uma colega, companheira e amiga, Marivone, para participação da Semana Municipal da Água.

A partir desse contato, cresceu dentro de mim uma vontade imensa de um aprofundamento sobre o tema, mas não posso esquecer que também fui impulsionada a partir do momento que conheci a bióloga Regina Maris, que atualmente trabalha na Prefeitura Municipal de Porto Alegre. Nunca mais fui a mesma pessoa. Ela me ensinou a olhar a natureza com outros olhos, a ler no calor do sol, na claridade da lua a esperança do homem.

Enquanto escrevia, quero ressaltar que esteve ao meu lado, sentada à minha frente o tempo todo, a colega e amiga Selmari, dizendo a cada instante: "Não vá escrever bobagens!", e a Doroti (colega/amiga) contribuiu com a lembrança da neve. Ela entrou na biblioteca onde estávamos trabalhando e nos perguntou o que fazíamos ali tão compenetradas. Explicamos e ela disse que eu não podia me esquecer da neve. A Marlene e a Sandra também colaboraram falando sobre o lixo, viu? Aqui existe também muita colaboração, não é jóia?

Maricilda! Para esta carta chegar em suas mãos olha todo o processo. Passará pela revisão, digitação (Quem digitará: a Simone? A Lorita ou a Karine?) Já estava quase esquecendo! a Coordenadora Pedagógica também quer ler. Depois seguirá via fax para a Secretaria da Educação, para os Coordenadores de educação ambiental, depois para o Marcos Reigota e finalmente chegará às tuas mãos.

Receba um grande abraço do tamanho do Rio Grande.

Sou Noeli Aparecida Godinho Schinato, professora, casada, mãe de dois filhos: Igor (17 anos) e Evelise (8 anos).

## Carta de Rui Rodrigues Albuquerque

Este é um relato da minha breve entrada no Rurap, trabalho e resido em São Joaquim do Pacuí, distrito de Macapá. Trabalho a há quatro anos no Rurap, e esta é minha 1ª experiência em extensão rural. Juro estar completamente decepcionado com o sistema e com o tipo de agricultura praticada em minha região.

Sou oriundo de Imperatriz (MA), onde a agricultura e pecuária são realmente eficientes, lá o governo não dá o apoio à agricultura e à pecuária, no entanto, Balsas (MA) é referência na produtividade de soja; a pecuária era de exportação. Atualmente, por causa da barreira sanitária (febre aftosa), está em dificuldades, mas existem fazendas de dez a trinta mil cabeças de gado bovino. As fazendas são todas cercadas, com gado puro-sangue e agricultura mecanizada.

Aqui em Pacuí não existe pecuária e tão pouco agricultura. Os agricultores esperam "tudo" do estado: preparo da área, sementes, insumo (adubo) e até ajuda para comercializar. Veja bem, o estado gasta uma fortuna com o "caminho da feira", que é uma frota de caminhões que traz os agricultores até as feiras de Macapá. Geralmente, numa freqüência de duas vezes por semana. Não sou contra a "função social" do caminhão, mas as associações criadas para organização dos agricultores, das feiras e da produção não funcionam. Em oito anos de governo Capiberibe, nenhuma associação possui condição de adquirir o próprio meio de transporte e sobreviver, caso o "caminho da feira" seja extinto.

E há agricultores que reclamam da falta de apoio para a comercialização; existe o técnico no campo, o caminhão de transporte, a feira no local determinado pelo estado; só falta agora uma equipe de venda.

Somos poucos extensionistas para desenvolver muitas atividades, logo trabalhamos muitas vezes noite adentro, e nosso salário contratual é de 30 horas. Acontece que trabalhamos muitas vezes 50 horas. O salário não dá.

Por isso acredito ser breve no Rurap, apesar de amar o que faço e de todas as dificuldades.

Dedico-me a tudo o que faço, e faço o que gosto, no entanto sou racional e não vou trabalhar para simplesmente comer... Tenho muitas outras aspirações, e tenho dois filhos, um do primeiro casamento (nove anos, pensionista) e outro do segundo casamento (dois anos).

Recentemente, meu filho de dois anos sofreu um grave acidente doméstico: levou aproximadamente trinta pontos em um corte na cabeça. Eu estava fazendo um projeto para o CNPq no dia do acidente, que era feriado no estado. Ao chegar ao hospital, vendo o estrago, veio à minha mente que não tinha um centavo no banco, pois tinha pago todas as contas e comprado a feira no armazém.

Esse fato mostrou o quanto é inútil ter ideologia e querer trabalhar naquilo de que se gosta. Vou procurar algo melhor.

Meu trabalho é visitar as comunidades passar-lhes informações técnicas relacionadas ao cultivo e manejo de solos, uso de adubos e defensivos agrícolas. Acontece que a maioria dos agricultores, quando recebe uma indicação de alguma coisa, procura logo o Rurap para conseguir o produto. Acredite que até mudas de açaí, que germinam nas margens dos lagos e iga-

Inajá – *Maximiliana maripa*.

**Inajá – Maximiliana maripa**
O inajazeiro é comum na região amazônica e tem ocorrência abundante em terra firme, com solos pobres e arenosos. É extremamente resistente ao fogo e normalmente ocorre com outras palmeiras, como o babaçu, o uricuri e o jaci. Seu fruto é consumido pelos moradores locais, assim como a palha e o palmito. O fruto é muito apreciado pela fauna silvestre, paca, cutia, tatu, cateto, veado, quati e macacos, os quais são responsáveis pela dispersão de suas sementes (Shanley; Medina, 2005, p. 189-195).

rapés eles querem que o Rurap providencie, quando não querem que o Rurap providencie o "saco para muda", que custa de oito a dez reais o milheiro. Se você indica algo que requer trabalho extra, eles logo se esquivam.

Nas horas vagas, se possível, estudo agricultura e programação de informática. Já a Internet é de baixa qualidade, e o preço é alto.

A minha comunidade é uma das que possuem melhor estrutura social, estrada, rede elétrica e muita mulher solteira com filho – a maioria é adolescente. Mas não possui estrutura para ecoturismo, e a rede de transporte público é precária (um ônibus por dia).

A agricultura é de subsistência, com ênfase na monocultura de mandioca, sendo que este município é um dos que mais recebem subsídios do estado para agricultura.

Os rios estão sendo assoreados pela derrubada das matas ciliares.

A comunidade é dividida em duas alas: as que torcem pelo 16 de agosto e os que torcem pelo São Joaquim.

Existem as associações de moradores, Cooperativa de Produtor de Farinha do Pacuí – Coap, Carp, Cooperativa de Artesãos da Região do Pacuí e a Associação das Mulheres da Região do Pacuí – Mucuré.

A associação de moradores possui um caminhão Volkswagen 7.110, usado para transportar os jogadores do 16 de agosto.

A Carp começa agora com outra filosofia: "o trabalho", e com idéias voltadas para a função social, a qual deve ter toda associação: se o Rurap, governo/prefeitura e bancos pagarem os computadores, a associação deve fazer a sua parte no contexto social, ministrando cursos de informática durante a noite: "todo conhecimento tem um preço".

No mês de julho ocorreu a Festa *Inajá*, palmeiras endêmicas da região e o lançamento do Pacuí-verão, com a presença do governador, prefeito, candidato a governador.

O principal problema é a recuperação de áreas degradadas pela erosão devido à monocultura de mandioca.

O principal problema social é a prostituição de adolescentes, e a falta de trabalho e de perspectiva de crescimento intelectual e financeiro.

Nas escolas está se iniciando a implantação de cinco hortas escolares (uma por localidade), para demonstrar aos alunos que é possível comer bem sem necessariamente ter que comprar do hortifrutigranjeiro.

Trabalha-se a idéia de agricultura orgânica e o hábito da alimentação saudável com produtos hortícolas.

Chega de açaí + peixe + farinha = barriga cheia
Rui Rodrigues Albuquerque

## Carta de Karen Adami Rodrigues para Rui Rodrigues Albuquerque

Prezado companheiro Rui,

Lendo os textos trazidos a Porto Alegre pelo Marcos Reigota em um Seminário de educação ambiental organizado pela Secretaria de Educação do Estado do Rio Grande do Sul, escolhi o teu para o contato imediato que o nosso querido Reigota solicitou como tarefa, e, diga-se de passagem, deveras agradável.

Fica aqui o seguinte: – "Azar o teu, te escolhi... vais ter que me engolir, ou pior, ler".

Não conheço a Amazônia e este é um dos meus sonhos. Tenho colegas e familiares que conhecem o Amapá e adoraram! Tenho inclusive uma colega da Paleontologia que foi para a Universidade do Amazonas há um ano atrás e não quer mais sair. Já casou e está esperando um filho. Disse-me ela

> Conforme o Instituto Brasileiro de Direito do Comércio Internacional, da Tecnologia da Informação e Desenvolvimento (CIITED), a **biopirataria** consiste no ato de aceder a ou de transferir recurso genético (animal ou vegetal) e/ou conhecimento tradicional associado à biodiversidade sem a expressa autorização do estado de onde foi extraído o recurso ou da comunidade tradicional que desenvolveu e manteve determinado conhecimento ao longo dos tempos (prática esta que infringe as disposições vinculantes da Convenção das Organizações das Nações Unidas sobre Diversidade Biológica). A biopirataria envolve, ainda, a não-repartição justa e eqüitativa entre estados, corporações e comunidades tradicionais dos recursos advindos da exploração comercial ou não dos recursos e conhecimentos transferidos (Biopirataria, 2007).

que o povo daí é extremamente agradável, por vezes tímido, desconfiado, mas muito receptivo. O que me apavora é o desleixo do governo federal e das autoridades ambientalistas brasileiras que permitem a entrada tão fácil de estrangeiros. Na minha área, a *biopirataria* é um dos problemas mais sérios, sem falar da extração desenfreada de madeira pelos japoneses.

Bem, Rui, sem brincadeiras, acho que ficaste curioso para saber por que escolhi o seu texto ou a tua narrativa, mas é muito simples,: identifiquei uma fase da minha vida em uma frase (... "o quanto inútil é ter uma ideologia e querer trabalhar naquilo de que se gosta...") e pela análise que fazes da questão social, política e ambiental de São Joaquim do Pacuí.

Vou iniciar pela frase e o que ela significa para mim. Talvez sem querer te passe algo que te ajude ou não.

Rui, quando fazemos realmente algo que gostamos, esta é nossa força e nossa recompensa maior. Não espere pelas tarefas mais rendosas e aparentemente seguras, e com isso o céu mais perto, a felicidade batendo na tua porta (e olha que não estou sequer mencionando o Sílvio Santos). Passei por uma fase bem parecida com a tua, com vontade de revirar tudo e esquecer os meus sonhos e ideologias e partir para a conquista econômica.

Puxa, essa fase de questionamentos e tentativa de mudança foi horrível, e, pior, muito frustrante. Não consegui me sentir alguém, mas um robô programado a atingir metas sem qualquer emoção.

Te entendo quanto a ter filhos e o que significa o sustento destes: tenho dois, um vestibulando e uma pré-adolescente ("aborrescente").

No entanto, nossos sonhos têm que ser melhorados, esta é a questão. Como conseguir realizar nossos anseios mais nobres, ideologias, sem prejudicar ou diminuir os sonhos de quem amamos tanto e estão tão perto de nós?

É na criatividade, na conquista de novos espaços que conseguimos unir os nossos sonhos aos do povo, é questionando esta gente carente de alternativas para sua sobrevivência, mas rica em conhecimento, que acharemos a nossa própria alternativa. É saindo do egocentrismo, seguindo o teu sonho. Se ele existe ele não é só bom, mas é bom para ser sonhado junto, para ser construído em comunidade, ousa ser feliz, ousa testar.

Você consegue ter a visão do que está errado na comunidade, da corrupção, das tuas verdades em relação ao do outro, das deficiências da organização do povo, olha tchê, tens tudo para começar a mudar. Quando se fala em mudança (econômica, social, ambiental), se fala em realização total, tudo o que é possível ser percebido na tua análise, o que falta na comunidade pelo que se interpreta na tua narrativa, é organização social, vontade política, e isso só se consegue com boas lideranças na comunidade, gente simples que pense em mudar e ajudar a provocar esta mudança. Nossa, parece fácil, mas é muito trabalhoso, utopia...

Rui, já voei muito aí contigo, e como se diz aqui: "Já enchi o poço... já esvaziei a cuia, já enchi o saco... de tanta falação". Aí vais dizer: nem me conhece e vem opinar. E que a tua narrativa foi um filme, ler o que escreveste, com os personagens, situações e experiências, foi possível viajar até aí.

Assim vou te fazer o convite para viajares para o Sul: para te localizar melhor, o litoral norte do Rio Grande do Sul. Primeiro vou me apresentar e te dar uma linha geral das minhas atividades.

Eu me chamo Karen, sou bióloga, mestre em paleontologia, e trabalho em educação ambiental na 11ª Coordenadoria de Educação do Estado, e na UFRGS, desenvolvo o meu doutorado. Moro em Porto Alegre, que fica a 100 km do meu trabalho, em Osório. Desde que iniciei as minhas atividades como professora estadual me dediquei à educação ambiental, ao reconhecimento dos problemas ambientais locais, às escolas inseridas em comunidades carentes.

Aqui em Porto Alegre eu estou morando desde a adolescência, antes eu morava na serra em Guaporé, onde comecei a minha carreira do magistério, lá se vão vinte e dois anos de trabalho.

Adoro Porto Alegre, é a capital da cultura, espaços culturais são entregues ao povo todo ano pelo governo popular.

Apesar de adorar Porto Alegre, tenho necessidade de estar em contato com a natureza e de me sentir útil a ela.

Assim, há três anos consegui transferência de uma cidade bem próxima de Porto Alegre, Viamão, para o litoral. Meus filhos e marido ficam na capital e eu pego o carro e me desloco, quase que diariamente, ao que chamo meu paraíso, meu sonho.

O litoral tem aspectos bastante interessantes, desde a sua paisagem aos problemas políticos e ambientais. A planície costeira do estado do Rio Grande do Sul possui uma extensão de 640 km a partir de Torres ao norte até o Chuí ao sul. É uma planície peculiar com paisagens predominantemente arenosas, se caracterizando pela ausência de mangues e uma extensão de cordão de lagoas, laguna de banhados.

Inserido nessa planície costeira encontra-se no litoral norte, que possui uma superfície de 3700 km e uma extensão de 120 km, com uma população de 186.070 habitantes no último senso. Incluiem-se nessa planície diversos centros urbanos em franco desenvolvimento (Torres, Capão da Canoa, Tramandaí, Cidreira, Imbé, Osório), que proporcionam turismo e lazer.

Esta região destaca-se do litoral brasileiro, apresentando uma clássica seqüência de lagoas localizadas próximas ao mar.

Os municípios dessa região são privilegiados ao compartilhar espaço com este sistema: o estuário de Tramandaí e mais de trinta lagoas que apresentam um gradiente natural de salinidade, mantendo uma rica e diversificada fauna e flora, que sustentam um ecossistema produtivo e de importância socieconômica regional.

Além das lagoas serem rota migratória de várias aves, abrigam populações importantes de répteis e mamíferos, como o jacaré-do-papo-amarelo, capivara, lontra, e são criadouros para espécie de interesse comercial, como o camarão-rosa, siri-azul, tainha e bagres.

As peculiaridades desse sistema lagunar, único no mundo, justificam a necessidade de um conhecimento amplo para garantir sua proteção e preservação.

Um dos ecossistemas relevantes junto aos contrafortes da Serra Geral é o bioma Mata Atlântica, considerada reserva natural da biosfera pela Unesco, com diversos projetos de pesquisa desenvolvidos pelas universidades estaduais e alemãs.

No entanto, toda esta riqueza natural pede socorro: apresenta nítidos sinais de fadiga, de urbanização desordenada à beira-mar, de dunas sendo removidas, de lavouras instaladas nas margens de rios, utilizando agrotóxicos, excesso de retirada de água das lagoas para irrigação das lavouras, vegetação nativa sendo substituída pela exótica, desmatamento e queimadas, esgotos sendo despejados nos mananciais, excesso na utilização das margens das lagoas e lagunas. A Mata Atlântica vem sendo substituída por imensas plantações de bananeiras, tendo cursos de rios desviados. São estas as principais causas de fadiga ambiental e de falta de um programa de gerenciamento ambiental sério. Durante o meu relato, farei alguns comentários sobre essas situações.

Ao sair pela estrada que liga Porto Alegre ao litoral, já vou observando as lagoas: a mudança de paisagens é uma terapia. Tenho uma casa na praia, que é onde eu paro para trabalhar durante o ano, e em dezembro a minha família vem aproveitar o verão.

O meu ambiente de trabalho é ótimo, tenho bons relacionamentos, pessoas extremamente agradáveis, leves, como é característico da população litorânea.

Nossas atividades, Rui, são até parecidas. Eu me desloco pelas comunidades, e escolas o tempo todo, faço palestras, trabalho treinando professores, recebo alunos para ajudar nos projetos escolares desenvolvidos pelas comunidades e faço parte de dois comitês de Bacia, a do rio Tramandaí e do rio Mampituba.

Não é muito fácil; a diversidade é muito grande, tanto de pessoas como de ambiente e de atividade.

Para conseguir um salário melhor, quando estou em casa nos fins de semana escrevo projetos para empresas interessadas em alcançar qualidade ambiental. Procuro, através desta atividade, incentivar empresas jovens, em desenvolvimento, na mudança de mentalidade em relação ao meio. Esta atividade eu realizo como técnica de uma ONG, Farol da Terra. Agora no mês de dezembro ajudo a treinar e orientar o batalhão de salva-vidas da Brigada Militar quanto a correntes sobre a fauna e flora, junto com dois outros colegas. No verão, no mês de janeiro ou fevereiro, conforme as minhas férias, dou cursos para crianças turistas no Ceclimar-UFRGS, um centro de estudos limnológicos e marinhos do Instituto de Biociências da Universidade, e faço passeios com ecoturistas pelas cascatas do litoral.

A minha rotina é muito invejável. Trabalho das 8 horas da manhã até as 18 horas, chego em casa, ponho um tênis, caminho à beira-mar, depois faço um chimarrão e curto a paisagem até o sono aparecer. Outros dias saímos em turma para um chopinho com uma violinha à beira de alguma lagoa. Já é tarde da noite e sento para escrever a minha tese. Estou na fase final (adoro escrever e estudar na madrugada).

Dia não, dia sim, ponho um chinelo de dedo, bermuda e vou dar aula a grupos de escolas da rede, trabalho de sensibilização ambiental. Quando a saudade bate, pego o carro e volto para dormir em casa, Porto Alegre, e dar um calorzinho na turma que me entende e me dá muita força na realização dos meus sonhos, das minhas utopias... No dia seguinte de manhã, já estou cedo na coordenadoria, para auxiliar a equipe pedagógica nas questões de projetos de educação ambiental.

Aqui a agricultura é bastante intensa, existem cooperativas bem organizadas, e campanhas cada vez maiores são feitas quanto ao uso danoso de agrotóxicos. Apesar da insistência de alguns e da ignorância de outros, comunidades inteiras desenvolvem plantios ecologicamente corretos, com controle biológico.

No entanto, o problema maior da agricultura, há muito tempo, vem sendo os locais onde foram implantadas as culturas da banana, das hortaliças e das flores (colônia de japoneses), no solo empobrecido da remanescente Mata Atlântica.

Nas encostas de morro é visível a erosão progressiva; nas margens de rios e lagoas, a mata ciliar não foi respeitada, assim enchentes e mudança do curso de rios são uma constante.

A erosão nas plantações também carrega agrotóxico para dentro das lagoas. Esta vem sendo uma luta de fiscalizações não só desta companheira, mas de comunidades que se organizaram para salvar o paraíso hídrico do Rio Grande do Sul (paraíso hídrico é por minha conta).

Este litoral é reto, sem baías, a maior faixa em linha reta de litoral do mundo. Eu acho maravilhoso, dá uma sensação de força e, ao mesmo tempo, de fragilidade.

A formação deste ambiente é muito jovem, motivo pelo qual está ainda em transformação. Lagoas estão desaparecendo pela ação de dunas móveis, intensificado pela irrigação do arroz, outra cultura bem acentuada na região. A invasão de dunas e a extração delas é resultado do grande avanço imobiliário na região. Com isso, o impacto ambiental previsto para o litoral nesse processo de transgressão marinha cada vez maior, nem é preciso ser São Tomé para crer. Litoral mais próximo ao pólo com o aumento cada vez maior da temperatura, a previsão para os anos que virão não são nada otimistas (próximos 50 anos).

O lixo é outro fator sério nesse ambiente, principalmente pelo tipo de solo e do cuidado das prefeituras e da péssima fiscalização feita pela Fepam (Fundação Estadual de Proteção Ambiental) desde sempre (o vício vem de muitos governos anteriores).

Para teres uma idéia, a população do litoral no verão é multiplicada por dez; com isso, a produção de lixo é intensa, as campanhas se intensificam cada vez mais nas escolas, que se preparam durante o ano para vencer a invasão de turistas, esclarecendo-os à beira da praia e nas suas casas quanto à importância de colaborar com a comunidade local.

Galpões de reciclagem começam a ser construídos através de projeto da ONG em que atuo como técnica. Realizando o diagnóstico do lixo durante o ano e no verão, montamos um plano de ação que iniciará com a realização do fórum do turista à beira-mar.

Em 1 km de margem de laguna juntamos, no final do verão de 2001, cinco toneladas e meia de lixo. Faremos com isso uma exposição no início do verão em algumas localidades e shoppings dos maiores municípios.

Os aterros, verdadeiros lixões, são tecnicamente mal construídos. Geólogos contratados pelas prefeituras, ditos eficientes (preço acessível, esta é a eficiência), realizam captação de chorume com vazamentos e entrada direto para lagoas, proteção das células sem nenhuma argila, apenas areia com índice muito baixo de argila, e lona muito fina fora dos padrões.

Ao promover um curso para professores da região, levei-os a uma visita ao "lixão" após um curso de 80 horas pela região, levantando aspectos histórico-culturais e ambientais. Ao chegar ao ambiente, nos deparamos com o administrador e o geólogo. Tiravam fotos para enviar ao órgão de fiscalização, a Fepam. A foto foi a do lado mais adequado do "lixão" (assim se fiscaliza no litoral, de avião ou por fotos enviadas, porque não podem se sujar ou, para ser menos drástica, por falta de pessoal, ou quem sabe... não sei).

Para teres uma idéia, fui visitar uma comunidade invasora de dunas a pedido de amigos de Torres e me deparei com luz, água e esgoto instalados em uma área hoje transformada em uma APA (área de proteção ambiental). Nesta área, havia um riacho, o riacho Doce, hoje, dois anos após, é um valo que leva somente lixo para o mar. Não existe mais riacho. Atordoada com o que vi, tirei fotos de tudo e levei à Fepam, inclusive de criação de porcos em meio às dunas. Minha surpresa foi que nem o próprio órgão era conhecedor de leis ambientais de proibição de trânsito à beira-mar com veículos de qualquer espécie. Eu pesquisei antes de ir e desenterrei leis de 1984. E aí vem a pergunta: como um órgão ambiental desconhece leis ambientais que regem o estado? Esta é a velha mania do "vou sentar aqui que é melhor, escrever meia dúzia de projetos, publicações, vendo a imagem que desenvolve alguma coisa, e tudo fica bem"...

A extração clandestina do palmito vem sendo bem fiscalizada, através da Patram (Patrulha Ambiental da Brigada), mas ainda ocorre. Já as mineradoras são um problema sério, pois o dono da maioria delas, um certo ex-ministro dos Transportes, se não é dele é no nome de algum primo ou irmão, é aquela velha farra do poder em detrimento de alguém, de muitos, de comunidades inteiras, da natureza em função de meia dúzia de aproveitadores.

Outro problema sério é a Petrobras. Eu não vi até agora nem um plano de emergência ou treinamento com as comunidades envolvidas onde passam os ductos, e olha que é muita coisa por aqui.

Comunidades são organizadas pelos órgãos de governo, por entidades não-governamentais e pelos comitês de bacia a conseguir sustentabilidade sem agredir a natureza: busca-se o equilíbrio. A Fepagro, a Emater, a Corsan e a Patram têm desenvolvido programas bem interessantes junto às comunidades e auxiliando escolas.

Cooperativas de pescadores são extremamente organizadas e orientadas por técnicos de universidades e alguns órgãos de governo a viabilizar sua economia sem ultrapassar o código ambiental estadual.

O litoral se fez pela imigração de diversos povos, mas principalmente os portugueses. Os poloneses, os alemães e italianos têm uma influência intensa na cultura desta região, principalmente no que diz respeito à agricultura, à culinária e aos festejos.

Na tentativa de chegar mais perto das comunidades e de levá-las a pensar como resolver seus problemas, me aproximei de prefeituras através das professoras municipais e estaduais, desenvolvendo treinamentos com o Ceclimar e a 11ª CRE. Dessa forma, explorei todos os aspectos possíveis da região, fazendo um levantamento da realidade com os professores e as comunidades.

Já sou a "mãe" do NEA (Núcleo de Educação Ambiental) no município de Osório, onde comecei orientando os professores municipais e continuo prestando todo apoio. Não faço distinção quanto a ser de um partido ou de outro. Não posso orientar educadores discriminando-os ou pondo na balança o pensar político de cada um. O que posso é ajudá-los a achar o caminho para a mudança que está emergindo das comunidades. Penso apenas em melhorar a qualidade de vida das pessoas, de organizá-las, isto é o que interessa; esta é a minha utopia.

Como vês, os problemas aqui também se somam: é só sentar, pensar e pôr no papel.

O problema, meu companheiro, não é só local, mas global. Se nos sentimos muitas vezes impedidos de realizar nossos sonhos, a influência e o impedimento não é tão-somente de nossas comunidades próximas, mas de muito longe, da América, aquela lá, do Norte!

Assim, fico pensando naquele terrorismo diário, na nossa cabeça, no nosso bolso, aquele que te dá vontade de desistir da tua ideologia. O atentado do dia 11 de setembro, tão divulgado nos meios de comunicação, tentou abafar o terrorismo diário e de décadas que sofrem os menos favorecidos de países explorados culturalmente, socialmente e economicamente.

Não sou a favor de nenhuma espécie de terrorismo, seja ela dirigida a quem quer que seja (toda espécie animal e vegetal do planeta).

Aqui a repercussão teve dois momentos: o primeiro de susto e horror, o segundo de análise da situação mundial. Com o grupo de professores locais, durante um dos cursos de treinamento, no mês de outubro, perguntei sobre o desempenho dos alunos no bimestre, e a resposta veio maciçamente de que tinha sido muito baixa em relação aos anos anteriores. Aproveitei para indagar quanto às reações de cada um, e todos se disseram neste período como se estivessem fora do ar, atônitos.

Assim, pude levá-los a sentir o outro lado, não a observar ou analisar apenas um. Se nós, adultos, nos sentimos perdidos em volta dos meios de comunicação, imagine a nossa criançada como se sentiu? Como pensar nas provas? Como realizar tarefas sugeridas naquela semana ou mês? E os ditos terroristas? Quem são? Em qual continente começou o verdadeiro terrorismo?

Bem, companheiro Rui, vou tomar meu chimarrão, já te tomei demais os olhos, mas fica aqui a mensagem e a viagem pelo litoral norte do Rio Grande do Sul.

Abraços da Karen Adami Rodrigues.

## Carta de Sergio Irineu Claudino

Macapá, 28 de setembro de 2001.

No ano de 1997, precisamente no dia 8 de março, cheguei a Macapá. Vim decidido. Vim de Jaguaré, norte do Espírito Santo, para morar definitivamente na Amazônia. Definitivamente porque já havia passado dois anos aqui, em 1992 e 1993, quando retornei para cumprir promessas à minha mãe, embora com o coração partido. Sai de Jaguaré falando que iria trabalhar com caboclos, com *sistemas agroflorestais*. Deus reservou uma vaga para mim no Rurap quando cheguei. Estava eu, então, na região do Pacuí, trabalhando com sistemas agroflorestais.

Passado um ano de trabalho na empresa, fui transferido para outro município na condição de coordenador do escritório. Nessa ocasião, estava recém-casado com uma alagoana, então colega de trabalho por um ano na Escola Família de Afuá, onde eu havia passado dois anos.

Pracuimba. Este é o nome do município onde moro com minha companheira, e muito amiga, "Danda". Em 1999, compramos um terreno que tem uma casa grande e um quintal com

**Sistemas agroflorestais**
Os SAFs referem-se a uma ampla variedade de formas de uso da terra, em que árvores e arbustos são cultivados de forma interativa com cultivos agrícolas e/ou pastagens, constituindo-se numa opção viável para o manejo sustentado. O objetivo desses sistemas é a criação de diferentes estratos vegetais, em que naturalmente seja garantida a ciclagem de nutrientes e a estabilidade do sistema.

muitas plantas e criações de galinha e de pato. É um sistema fechado, onde os animais comem o mato (capinam), adubam o terreno com o esterco e produzem ovos e carne. Minha companheira encarrega-se das atividades menos pesadas, enquanto eu desempenho com maior responsabilidade as atividades que exigem maior esforço físico. Esta é uma visão espontânea, embora tenhamos uma parceria ativa em todas as atividades.

Parceiro, moro em um município naturalmente rico, lindo e diversificado. Temos três grandes ecossistemas: lagos, campos nativos e florestas. São 4.979 bem distribuídos nesses ecossistemas.

Esses três ambientes definem os aspectos culturais, econômicos e o nosso próprio trabalho. Nossos lagos são bem produtivos. Destes dependem quase cem famílias de pescadores.

Nos campos nativos e várzeas, estão as atividades pecuárias com bovinos, bubalinos, ovinos, caprinos, eqüinos etc.

Na região da floresta estão os extrativistas vegetais. Na verdade, vivem num estágio transitório entre a extração e a prática agrícola extensiva, com o cultivo principalmente de mandioca, arroz, milho e agora com o plantio de frutíferas.

É nesse universo que atuo, um mundo diversificado em todos os aspectos. Com dificuldades em todos os aspectos também. Inúmeras reuniões com pescadores, agricultores e pecuaristas já foram realizadas quando tratamos dos mais variados assuntos: organização rural, crédito rural, alteração do ambiente pela ação humana, entre outros.

O trabalho de extensão rural no município de Pracuimba é diferente daquele de alguns lugares que conheci. Aqui temos que criar demanda. Na maioria das vezes procurar trabalho, pois os produtores dificilmente vão até o escritório. A não ser para pedir "carona".

Na semana passada tivemos uma reunião entre várias instituições: Ibama, Rurap, igreja católica, igreja evangélica, colônia de pescadores, prefeitura, colégio... para discutirmos alternativas socioeconômicas para o município. Entre as várias propostas, parece mais aceitável a da criação de quelônio (tracajá). Anualmente o Ibama solta, após incubação, vinte mil filhotes deste animal.

Temos desenvolvido parceria com o Iepa (Instituto de Pesquisa Científica e Tecnológica do Amapá) para buscar solução a alguns problemas de saúde pública. Aliás, este é um dos nossos setores de que a população mais reclama. A fitoterapia amapaense recebe incentivo do governo. Fizemos duas hortas medicinais em dois colégios estaduais. Vez em quando nos reunimos, combinamos atividades, trocamos informações, avaliamos desempenhos e tocamos o barco. As comunidades estão gostando, e eu também me sinto bem podendo contribuir para melhorar a saúde pública, resgatar e valorizar conhecimentos populares, além de ter contato com alunos para conter a saudade da sala de aula.

Merece aqui relatar as dificuldades que temos em relação a vias de transporte. Tanto a ausência quanto a manutenção dos ramais deixa a população do município em difícil situação, especialmente no inverno (janeiro a junho).

Reigota, ainda com relação a problemas ambientais, assegura aí: cachorro e lixo estão por toda parte; as fossas sépticas transbordam no período de inverno, pois é raso o lençol prático, ocasionando mau cheiro em alguns pontos de maior aglomeração de casas. Estamos em um processo de discussão e amadurecimento com relação à criação de um plano de manejo para o lago. É que a pesca predatória está levando algumas espécies quase ao extermínio (trairão, pirarucu, pacu e tucunaré). Existem várias propostas: parada por cinco anos; parada por dois anos; parada por seis meses, todos os anos etc. Sempre são levantadas essas propostas nas reuniões, mas ainda não chegamos a reunir condições para a tomada definitiva da penosa, mas necessária, medida.

Outro problema ambiental está sendo o desmatamento. Foi criado um assentamento no município para 220 famílias. Não foram levados em consideração os aspectos sociais, culturais, ambientais, econômicos etc. As famílias assentadas não têm ramal, creche etc. As compras por fomento são superfaturadas. O pior, o presidente da associação é vice-presidente, o que tem dificultado uma ação mais educativa sobre a ação mais extensiva tradicional.

Quanto à escola, além das crianças existem inúmeros idosos estudando, até mesmo com mais de 60 anos. Para chegar à escola são usados os mais diversos meios de transporte: bicicleta, cavalo, carros alugados exclusivamente para o transporte de alunos e até mesmo a pé. As escolas contrastam com o ambiente doméstico comum dos alunos. São estruturas, geralmente, em alvenaria, prédios grandes e bonitos. Tenho bastante envolvimento nas escolas, com a implantação de hortas medicinais, de sistemas agroflorestais, realização de palestras etc.

Após o curso sobre educação ambiental, passei a não mais dissociar aspectos da natureza e aspectos sociais, culturais e outros. Pude, a partir dessa nova concepção de relacionamento entre homem-natureza, homem-homem, ambiente-homem, colocar as coisas em outros níveis, sentindo-me assim também um educador ambiental.

Fiquei assustado com a frieza dos pracumbenses em relação ao atentado nos Estados Unidos. Não sei se é por desconhecerem a magnitude do que isso representa ou por descaso sociopolítico. A meu ver, por não gostarem dos norte-americanos. Apenas conversando com uma professora, ela se virou para mim e disse: "Bem feito! Quem manda meterem-se com os outros? Eles cutucam o mundo todo. Agora acharam!". Concluímos juntos.

Apesar das dificuldades que estou enfrentando, sobretudo ligadas questões financeiras, estou otimista, pois aprendi com meus pais a fazer do pouco muito, a ser imbatível pelo cansaço e não ter medo do trabalho. Estas estão sendo minhas melhores armas. Com relação ao trabalho como extensionista, acredito na organização do setor (classe) para resolver alguns problemas. Acredito numa extensão rural dinâmica e sustentável, quando houver aqui outras instituições, especialmente ONGs, como acontece em outros estados. Precisamos de referência, de irmãos, de parceiros, de críticas, de novas propostas.

Precisamos observar, procurar compreender, respeitar e aceitar ser parceiro da mãe natureza: simples e complexa, frágil e forte.

Abraços,
Sergio Irineu Claudino.

## Carta de Luis Carlos Tonetto da Silva para Sergio Irineu Claudino

Santa Maria, 12 de dezembro de 2001.

Companheiro Sérgio, se me permite que assim eu o chame. Através de encontros de formação em educação ambiental aqui no Rio Grande do Sul, foi proporcionado à leitura e comentários das cartas endereçadas a ele provenientes do estado do Amapá. Coube-me a tarefa de escolher uma carta para fazer comentários e também de me corresponder através de outra carta. Então, aqui inicio.

Parabéns pelo seu trabalho e também pelo seu entendimento sobre as questões ambientais.

Uma palavra de incentivo para você que está disposto a enfrentar as dificuldades e que aprendeu com seus pais a fazer do pouco muito e que não tem medo do trabalho.

Embora estando a uma grande distância de você, os problemas, as preocupações e as dificuldades aqui no nosso município não são tão diferentes dos de Pracuimba.

Resido em Santa Maria, município localizado bem no centro do estado do Rio Grande do Sul. Conhecida como Cidade Universitária, foi a primeira cidade do interior do Brasil a possuir uma universidade federal. Hoje, além da Universidade Federal de Santa Maria, existem faculdades particulares e muitas escolas e cursinhos pré-vestibulares (pré-requisito para ingressar na universidade pública), pois a cada ano se inscrevem mais de vinte mil estudantes para duas mil e poucas vagas.

Em decorrência da característica da cidade (estudantil), aqui residem muitos jovens de diferentes lugares do Rio Grande do Sul, do Brasil e do exterior. Esses jovens passam a fazer parte da história da cidade, e a cidade a fazer parte da história desses jovens. Muitas vezes, formam-se e acabam ficando em Santa Maria.

A zona rural mostra crescente esvaziamento: em 1991 contava com 10% da população, e em 1996, apenas 6%. Tendo em vista o crescente êxodo rural, verifica-se um aumento da zona periférica da cidade.

A rede hidrográfica é constituída pelos rios Vacacaí e Vacacaí-Mirim, que desembocam no rio Jacuí, um dos formadores do Guaíba, e pelos rios Ibicuí-Mirim e Guassupi. Completam a hidrografia inúmeros arroios e banhados.

Entre as atividades econômicas, destacam-se a pecuária, o comércio, a construção civil e as culturas agrícolas, principalmente soja e arroz.

Entre os problemas do município, incluem-se os sociais, destacando-se o desemprego, a falta de moradia, o saneamento básico e o lixo. Como não há canalização de esgoto em grande parte da cidade, os dejetos domésticos são lançados nas sangas juntamente com o lixo. O arroio Cadena é um curso d'água que atravessa vários bairros da cidade, com muitas moradias ocupando suas margens, influenciando negativamente na qualidade de vida dos moradores. A poluição do arroio Cadena ocorre pela deposição de todo o tipo de lixo, sucatas e esgotos cloacais. A cidade coleta cerca de 120 toneladas diárias de lixo, depositados em um lixão a céu aberto.

Trabalho durante o dia na 8ª Coordenadoria Regional de Educação de Santa Maria – estado do Rio Grande do Sul, que abrange 23 municípios, como referência em educação ambiental, juntamente com a professora Daisy Rosso.

Durante a noite, trabalho na Escola Estadual Augusto Ruschi, que fez parte de um projeto-piloto de educação ambiental do Programa Pró-Guaíba, módulo I (Pró-Guaíba é um programa para o desenvolvimento ecologicamente sustentável e socialmente justo da região hidrográfica do Guaíba).

Na Coordenadoria, o dia-a-dia é bastante agitado. Estamos recebendo os novos Regimentos Escolares, parte de um processo chamado Constituinte Escolar. Ela começou em 1999, culminando com um novo Projeto Político Pedagógico, Regimentos Escolares e Plano de Estudo para todas as escolas do estado.

Através da 8ª Coordenadoria acompanhamos, na medida do possível, o movimento ambientalista da região: encontros, reuniões, cursos, debates, projetos de educação ambiental das escolas etc.

Represento a Secretaria de Educação do Estado do Rio Grande do Sul, através da 8ª Coordenadoria, no Comitê de Gerenciamento da Bacia Hidrográfica dos rios Vacacaí e Vacacaí-Mirim. São 14 municípios com diferentes características socioambientais. Participo do Grupo de Trabalho de educação ambiental. O Comitê está em fase de elaboração do Plano de Bacia.

Santa Maria possui o Conselho de Defesa do Meio Ambiente e, na medida do possível, acompanhamos as reuniões, todas as primeiras sextas-feiras de cada mês, na Câmara de Vereadores.

No dia 30 de novembro, foi realizada em Santa Maria a 11ª Conferência Municipal de Meio Ambiente – a "*Agenda 21* local". Foram afirmadas as diretrizes básicas para a montagem do Plano Municipal do Meio Ambiente. Os principais problemas detectados foram a destinação do esgoto cloacal e de resíduos sólidos; também a falta de espaço para o lazer público e a necessidade de uma coleta seletiva de resíduos.

Os problemas ambientais requerem uma solução a longo prazo, e o melhor

A **Agenda 21** foi um dos principais resultados da Conferência Eco-92 ocorrida no Rio de Janeiro em 1992. O documento mostra a importância de cada governo buscar solucionar global e localmente seus problemas sociambientais. O capítulo n. 28 se refere às iniciativas das autoridades locais em apoio à Agenda 21 e estabelece que cada autoridade em cada país implemente uma **Agenda 21 local**, tendo como base de ação a construção, operacionalização e manutenção da infra-estrutura econômica, social e ambiental local, estabelecendo políticas ambientais locais e prestando assistência na implementação de políticas ambientais nacionais" (Agenda..., 2007).

caminho para isso é a educação ambiental. Isso também foi debatido na Conferência.

Recentemente foi criada a Secretaria de Gestão Ambiental do município de Santa Maria, cujo secretário é o Sr. Luiz Cláudio da Silva.

Como passo a maior parte do tempo no trabalho, procuro fazê-lo da maneira mais agradável possível. Os meus colegas são meus amigos. Na escola Augusto Ruschi tenho mais de cento e vinte colegas, e na Coordenadoria mais cem.

A minha esposa, Maria Suzana, é uma grande companheira, estamos casados há dez anos. Repartimos as despesas e o trabalho doméstico, e ela é minha colega na Escola Augusto Ruschi.

Tenho três filhos (do primeiro casamento), o Fabrício (26 anos) e as gêmeas Fabíola e a Letícia (22 anos), e dois netos: o Virgílio (5 anos) e a Larissa (1 ano e meio).

Gosto muito de caminhar ou andar de bicicleta. Nas caminhadas, a Suzana é companheira.

Nos finais de semana, sempre junto com a família, sai um churrasquinho, e o meu companheiro é o sogro, o Ruy (79 anos) que assa a carne; ele é uma lição de vida.

Nasci em Pains, distrito de Santa Maria. Meu pai, Binício, já é falecido. Tenho minha mãe, Olga, meu irmão, Renato, e minhas irmãs, Vera e Dirce.

Meu pai era muito participativo, começou no interior, na escola e comunidade, depois no Sindicato de Trabalhadores Rurais de Santa Maria. Era um batalhador. Defendia os interesses dos pequenos agricultores, percorria os municípios da região para falar sobre sindicalismo e fundar sindicatos de trabalhadores rurais. Ele foi um pioneiro.

Hoje, o meu trabalho é semelhante ao do meu pai, pois percorro os mesmos municípios fazendo um trabalho de educação ambiental com os professores, acompanhando os projetos nas escolas. No Comitê de Bacias, encontro os velhos companheiros do meu pai.

Recentemente, participamos de um Seminário A Perspectiva Socioambiental em Educação, nos dias 22 e 23 de novembro de 2001 em Porto Alegre. A Secretaria de Educação do Estado do Rio Grande do Sul solicitou que levássemos seis professores de escolas. Procuramos representantes de escolas com diferentes características, entre elas uma escola de surdos, uma de assentamento de trabalhadores rurais, com projeto de produção agroecológica e outras escolas com diferentes projetos de educação ambiental.

A Secretaria da Educação do Estado do Rio Grande do Sul e o Programa Pró-Guaíba, com apoio da Universidade Federal de Santa Maria e da Prefeitura Municipal de Santa Maria, promoveram um curso: A Comunicação e o Ambiente em Santa Maria, de 3 a 7 de dezembro de 2001. Foi um sucesso, com mais de cem participantes.

Como palestrantes do curso estavam: Batista Vidal, José Fonseca, Roberto Villar, o índio Ailton Krenak, que lançou um livro na biblioteca pública de Santa Maria, Ilza Ginardi e Paulo de Tarso Riccord.

A palestra de abertura foi proferida pelo Batista Vidal, que depois deu entrevista para a imprensa local.

Em entrevista a um jornal local, *A Cidade*, foi questionado: "O senhor se referia às guerras e acontecimentos atuais como relacionados à guerra de energias do passado, o petróleo, e disse que de guerra da energia do futuro, a energia dos Trópicos, está por vir. Qual é o papel do Brasil neste contexto?".

Essas guerras todas... Afeganistão, as Torres de Manhattan, Iraque e Irã, tudo isso é a "guerra da energia do passado". A energia, do futuro, o potencial de energia, está no Brasil. Então, onde é que vai ser a próxima guerra? É uma conclusão evidente que as nações que têm capacidade de matar virão para cá. Temos que nos preparar para resolver o problema, ou ajudando eles a resolver o problema, (eles não têm uma solução própria), ou preparar para defender nosso território de invasões militares que por acaso venham a ocorrer. Temos que discutir isso claramente, porque se eles estão fazendo isso no Oriente Médio, porque precisam da energia e não têm, vão fazer a mesma coisa aqui, porque precisam da energia do futuro, que é nossa.

Com essas colocações, percebemos o quanto a nossa responsabilidade é grande e as questões ambientais abrangentes. Responde também que o ataque às Torres não foi simplesmente um ataque terrorista. Um abraço.

Luis Carlos Tonetto da Silva

## Carta de Daniela Espindola Garcia

Macapá, 28 de setembro de 2001.

Venho trabalhando como extensionista há 11 meses, no município de Amapá. Como médica veterinária, presto assistência aos produtores do local, principalmente criadores de gado. Também realizo atendimento a outras espécies animais; embora minha função seja apenas cuidar de animais de produção, atendo eqüinos, suínos, caprinos, cães, gatos, coelhos e até mesmo um filhote de onça retirado da natureza por caçadores que mataram sua mãe e o renderam na cidade. Eles fazem parte do meu dia-a-dia.

Minhas atividades são realizadas em conjunto com os técnicos agropecuários de nossa sede local: o Alberto, vulgo "goiano", que além de extensionista do Rurap é também vereador no município.

No mês de setembro foi comemorado o 1º aniversário da rádio local e esteve presente o senador Gilram Borges, político que apoiou a sua instalação. Houve uma programação especial durante todo o dia, com os ouvintes telefonando e dando os parabéns para a "rádio".

Em novembro ocorre a Expofeira Agropec do município, feira agropecuária em que se realiza o comércio de animais, competição e a eleição da Rainha da Expofeira, a maior alegria das adolescentes que, aliás, adoram um desfile e toda festa da cidade, por menor que seja. No dia da abertura dessa feira sempre está presente o governador do estado e a diretoria do Rurap, com a oferta de um jantar com pratos típicos, principalmente com a jurijuba (peixe abundante na região) e a degustação dos derivados do leite produzidos pela Cooperativa de Derivados do Leite produzidos pela Cooperativa de Derivados de Leite do Amapá, ainda em estágio de treinamento pelo CDT (Centro de Difusão e Tecnologias), projeto do Rurap em parceria com a Seaf (Secretaria de Agricultura e Floresta) que tem o objetivo de realizar o treinamento de produção de toda a região através de unidades didáticas de inseminação artificial, produção de derivados do leite e viveiro de mudas, mas que também ainda está em fase de implantação. Essa demora para que entre em pleno funcionamento gera certa insatisfação da comunidade a ser beneficiada, ou seja, produtores rurais cujas atividades têm relação com os projetos a serem desenvolvidos, e nós, técnicos do Rurap, somos constantemente questionados se este será mais um projeto do governo que não irá pra frente.

Existem no município escolas em que às vezes são realizadas palestras pelos representantes dos órgãos do governo, mas nessas ocasiões sempre é o chefe do escritório local que nos representa.

Quando aconteceram os atentados nos Estados Unidos, um funcionário do nosso escritório auxiliar de serviços gerais que chegou todo preocupado dizendo que estava com medo de ficar naquela cidade, porque há uma base aérea antiga que os americanos construíram e até hoje existe a pista de pouso que se encontra em perfeito estado e em funcionamento. Ele disse que vai se esconder em algum lugar na floresta e está contado os dias para que chegue o seu aniversário e ele atinja a idade de não ser mais convocado para a guerra, caso o Brasil mande homens para lá.

Como a rotina das minhas atividades profissionais envolve ações no sentido de promover a sanidade animal, através de vacinações e consultas clínicas, fica difícil praticar a educação ambiental, mas na pecuária se pode buscar um melhor aproveitamento das áreas já desmatadas e transformadas em pasto através da recuperação de pastagens degradadas e também melhoria da produtividade dos rebanhos para haver menor número de animais ocupando áreas de produção pequena.

Com a realização desse curso de educação ambiental e os depoimentos dos colegas, tenho analisado minhas atividades. Despertei para o fato de que não tenho realizado propriamente extensão rural e sim prestado serviços de assistência técnica. Tenho refletido sobre como posso ajudar a comunidade a que assisto a adquirir também uma consciência da sua importância.

Um abraço,
Daniela Espindola Garcia.

## Carta de Vera Lúcia de Lima Schuster para Daniela Espindola Garcia

São Leopoldo, 13 de dezembro de 2001.
Prezada Daniela,

Quero, após a leitura de seu texto, parabenizá-la ao assumir esta função, mesmo que tenha sido meramente técnica, como mencionaste, com tanta coragem. Apesar de ser uma função executada na maioria das vezes por homens. Ainda mais com esta especialidade: clínica e cirurgia de grandes animais. Me sinto honrada, me identifico e te dou a maior força para continuar. Este mundo é mesmo das mulheres. Nós, com a nossa sensibilidade e inteligência, sabemos lidar tão bem com determinadas situações, não saberemos lidar com animais que são muito mais autênticos e fiéis?

Como se vê e observa, as cidades têm origens, pessoas, animais, plantas etc., inseridas em ecossistemas (lugares, rios, lagos, montanhas, extensões de terra, banhados etc.).

Quando dialogamos com nossa paisagem interna e refletimos, concluímos que a cidade deve ser igual à natureza no seu funcionamento: limpa, harmônica, respeitosa, digna, perfeita e atendendo a todas as necessidades dos seres que a compõem.

Analisando por esse aspecto, penso que o Sul do Brasil, por tudo isto, é tão ou mais estimulante que a Amazônia.

Por isso, Daniela, é preciso termos muita coragem e obstinação ao encararmos e abraçarmos uma função social. Penso que tu tens, e digo mais, tu já estás sim, trabalhando para a conscientização da tua comunidade. Lembre-se, tu és formadora de opinião, trate bem da tua leitura, dos teus hábitos, dos teus conceitos, experiências etc. Socialize teu saber. Nada é mais gratificante do que o conhecimento que se tenta transmitir, ser levado vida afora pelas pessoas, contribuindo para a melhoria na qualidade de vida de nossos semelhantes, no caso da tua comunidade.

Penso que tu já notaste que, entre a cidade que eu queria morar e a que moro, existe uma diferença bem grande.

Pois bem! Moro em São Leopoldo, distante 35 km de Porto Alegre (capital do estado do Rio Grande do Sul). Nossa cidade é banhada por um rio, chamado rio dos Sinos, daí estarmos morando no Vale dos Sinos.

A cidade, no meu entender, sofre há vinte anos com as más e conservadoras administrações, querendo pelo poder conservar somente seu bem próprio e não de toda a população.

A cidade está atolada de lixo, seu principal problema, banhada por um rio que tem grau 4 de poluição (quase morto). Não há incentivo à cultura. Como foi colonizado por um povo de origem alemã, na última semana de julho é comemorada na cidade a São Leopoldo Fest (uma das únicas festas). Tem um enorme ginásio, mas a comunidade não o usa. É muito violenta (assalto às casas, aos carros, comércio etc). Ocupa o 8º lugar em casos de Aids no Brasil.

Temos uma Universidade com 22 mil alunos, que também se mantêm à parte da comunidade. Produz excelente trabalho científico em diversas áreas, mas não se vê a sua aplicação.

A cidade conta com uma Secretaria do Meio Ambiente, cujo secretário se mostra pouco comprometido e interessado em promover reformas que realmente atendam aos interesses da população.

Enquanto a miséria e o desemprego crescem, nosso secretário fica plantando "pinheirinhos" para o Natal e aparecendo muito no jornal local. Nós já sabemos o propósito de tais aparições: eleições.

Moro no centro da cidade, numa rua que é um recanto ainda preservado. Eu mesma já tive que me agarrar numa árvore em frente à minha casa para evitar as "podas assassinas" anuais.

Temos um jardim em frente à casa construído por nós (eu, meu marido e minha filha), bastante diversificado (azaléia, bromélia, chifler, gramíneas, dinheirinho, begônia, beijinhos etc.) e um caminho de pedrinhas (basalto) rosa. Não é lindo?!

Ao contrário daí, Daniela, aqui o hábito é comer muito boi (carne vermelha) e não peixe (carne branca). Nossa comida típica mais consumida é o churrasco (carne de boi espetada, colocada em churrasqueiras e assada no carvão vegetal). No interior do Rio Grande – lembras moro bem próximo à capital – o churrasco é feito de modo diferente. Os espetos são de lascas de árvores, e o fogo com carvão é feito no chão. A carne é salgada com sal grosso e posteriormente assada aos poucos. É no interior que se tem o costume de falar muito o "tchê" e usar roupas típicas chamadas de "pilcha". Bebe-se muito o chimarrão (inverno e verão). É feito numa cuia (extraída de uma planta – o porongo), recipiente onde é colocada erva-mate (planta verde). Após acomodarmos a erva na cuia, toma-se com água quente através de uma bomba (instrumento usado para puxar a água da cuia para a boca). Este chimarrão pode ser consumido numa roda de amigos, com parentes etc. Dizem, e agora pasme, que o chimarrão é o responsável pela menor incidência de separações no Sul do país em relação ao restante dos estados, pois aproxima e reconcilia os cônjuges em momentos de desentendimentos. É uma delícia. Eu mesma sou daquelas que onde vou levo meu chimarrão, acondicionado numa "mala", chamada mateira. O chimarrão também é medicinal (diurético, emagrecedor, tem vitaminas, sais minerais etc.). Particularmente, prefiro mais o chimarrão que o churrasco.

Meu trabalho, até dois meses atrás, era com alunos. Sou professora de Biologia (formada na Unisinos – Universidade já mencionada anteriormente). Agora trabalho na 2ª Coordenadoria Regional de Educação. Sou concursada e trabalho há dezenove anos com a escola. A 2ª CRE é um órgão do governo. Esta Coordenadoria é o órgão que fomenta, apóia e presta assessoria às escolas públicas estaduais e particulares. Vim para cá para assumir uma função na educação ambiental, no Setor Pedagógico. Nosso objetivo é fazer com que os professores de todas as disciplinas das escolas trabalhem a educação ambiental, fazendo com que tanto professores e alunos como toda a comunidade ao redor das escolas sejam sujeitos desse processo transformador, coletivo, democrático e de qualidade social. Por isso, lutamos por uma educação socioambiental. Pensamos que o caminho é longo, mas o aprendizado também o é. Acreditamos que somente esse projeto de governo, social e democrático, conduzirá o povo a uma qualidade de vida muito mais digna e melhor.

Quanto a recebermos autoridades na cidade, também é bem diferente daí. Nós, aqui, por exemplo, recebemos o governador do estado há umas duas semanas. Sou filiada ao Partido dos Trabalhadores – PT, de sustentação do governo, e isto, para nós, faz parte do cotidiano.

Minha atividade na educação ambiental é de conscientização e fomentação. Despertar nas pessoas a importância de preservar e criar novas alternativas para esta preservação. Contextualizar a educação, enfim, fazer das crianças de hoje sujeitos participantes do processo de mudança por que passa todo o Rio Grande. Creio que, se a "direita" comprar menos votos do que nós conseguirmos conscientizar, faremos mais um mandato de governo democrático, social, justo, para todos os gaúchos e sem excluídos.

Daniela, me empolguei tanto que esqueci de me apresentar. Meu nome é Vera Lúcia de Lima Schuster. Tenho 42 anos, sou casada, tenho uma filha de 14 anos.

Quero finalizar dizendo que foi um prazer esse contato contigo e espero que, com os detalhes que te passei, tu possas ter uma "palhinha" do que é ser gaúcha e morar aqui no Rio Grande do Sul. Se um dia passares por aqui, sinta-se convidada a tomar um "chimarrão" e comer um "churrasco".

Um grande abraço e muito bom trabalho para ti.

Vera Lúcia de Lima Schuster.

# 3. BIO:GRAFIAS: origens, conexões e fundamentos

*Quando menina, minha mãe doida para me ver normalista, me instruiu: "Fala com a sua professora que você é pobre, tem muitos irmãos e seu pai ganha pouco e isso, e isso e isso". Era tudo verdade, mas dançava samba-canção querendo rock 'n' roll* (Adélia Prado, *Filandras*, 2002, p. 148).

Ao optarmos pelas trajetórias e narrativas no processo de formação em educação ambiental, surgiu uma série de questionamentos éticos e teóricos.

O primeiro e mais importante deles é o relacionado com as questões éticas: até que ponto podemos solicitar que os/as participantes exponham no espaço público da formação suas trajetórias pessoais e os seus relacionamentos sociais, políticos e afetivos?

Se em comum acordo nenhuma barreira ética for colocada, a questão seguinte é: até que ponto é possível ultrapassar os limites do processo de formação específico e expor, em outros espaços, aspectos da privacidade e intimidade de cada um/uma?

A questão que surge em seguida, caso as barreiras anteriores tenham sido transpostas é: a divulgação consentida no espaço público (e desconhecido) dos leitores e leitoras deste livro, poderá causar ao autores e autoras algum tipo de dano profissional ou pessoal? Essa questão ética foi amplamente discutida entre nós, e o que é aqui exposto é resultado dessa discussão.

Para responder a esse questionamento, é necessário explicitar, mais uma vez, nossos referenciais teóricos e as suas implicações éticas e políticas.

Em outras passagens, definimos o que é e por que adotamos as narrativas e explicitamos o contexto em que foram produzidas. Elas surgiram num espaço pedagógico oficial de formulação e aplicação de políticas públicas, tanto no Amapá como no Rio Grande do Sul, patrocinado e estimulado por Secretarias Estaduais.

No entanto, esse aspecto oficial e político de "grandes estruturas" não inibiu o estabelecimento de relações de confiança e camaradagem entre os/as participantes, ou seja, de relacionamentos humanos, demasiado humanos, condição indispensável para a obtenção das narrativas com significado e pertinência.

A exposição pública, nos micros (processo de formação) e macroespaços (difusão do livro), acontece pelo consenso e aprovação dos autores e autoras sem nenhum tipo de constrangimento, cumprindo assim as exigências éticas.

A exposição pública dos seus textos, por sua vez, adquire uma dimensão política ao difundir idéias, sentimentos, representações, conhecimentos e vivências dos anônimos e anônimas, cujas atividades profissionais cotidianas são essencialmente políticas.

No que diz respeito aos fundamentos do processo de formação profissional e de construção de identidade dos/das educadores ambientais, consideramos que os relacionamentos humanos permitem a exposição, identificação, discussão, desconstrução e reconstrução das representações presentes no grupo.

São as relações humanas vivenciadas nesses momentos que garantem significado e qualidade à formação (e às narrativas) e não apenas os conteúdos específicos "construídos" ou "transmitidos" na ocasião. Apesar de inquestionável a importância dos conteúdos para qualquer intervenção técnica e política pautada em argumentos, conceitos e conhecimentos oriundos das diversas áreas científicas e experiências históricas, coletivas ou pessoais.

Obter narrativas com profundidade, significado, pertinência e veracidade não é um processo simples. Observa Benedito Nunes que

> Contar uma história leva tempo e toma tempo. Leva tempo para ser contada e toma o tempo de quem escuta e lê. É atividade real que consome minutos ou horas do narrador e do ouvinte e do leitor. E, como atividade real, pode ser o exercício de uma arte, cujos parceiros estão em confronto, situados no mesmo espaço, se a narrativa é oral, e distantes entre si, separados no espaço e no tempo, no caso da narrativa escrita (Nunes, 1995, p. 14).

Assim, o tempo e o espaço (o contexto) de sua produção e recepção são momentos pedagógicos fundamentais.

As narrativas enfatizam as trajetórias dos sujeitos, trazem informações pessoais e do local onde cada um atua, suas próprias representações e conhecimentos e as representações e conhecimentos que circulam no seu cotidiano, suas relações sociais e afetivas (Reigota; Possas; Ribeiro, 2003).

Não nos interessa fazer uma análise do discurso subjacente a esses textos ou observar se o conteúdo das narrativas é real, ficcional ou apenas um exercício egocêntrico e subjetivo, sem, portanto (para os críticos de nossa perspectiva), nenhuma validade para a produção de conhecimentos, muito menos para processos e instrumentos válidos na implementação de quaisquer políticas públicas.

O que nos interessa é enfatizar o potencial pedagógico das trajetórias e narrativas e o seu potencial político para dar visibilidade às práxis cotidianas e enfatizar que estas práxis devem ser consideradas tanto na elaboração e execução de políticas públicas quanto em processos de formação profissional.

Poderíamos nos deter aqui e tentar responder aos questionamentos teórico-metodológicos recorrentes dos críticos de qualquer possibilidade educativa que coloque no mesmo nível de prioridades as relações humanas, demasiadas humanas, e os conhecimentos científicos e artísticos "historicamente construídos".

As narrativas não podem ser entendidas apenas como um exercício técnico de escrita, embora só por isso já tenham grande valor por estimularem as pessoas a escrever, mas sim e principalmente como o que Nietta Lindenberg Monte denomina "experiência de autoria" (Monte, 1996, p. 19). As narrativas são também portadoras de possibilidades de construção de identidade, de cultura e de expressão política (Brockmeier; Carbaugh, 2001).

"A quem pode interessar a vida banal dos sujeitos?" é a pergunta que sintetiza todas as críticas e que em muitas ocasiões nos vimos confrontados. Para nossa resposta e as suas variações partimos da noção de "sujeito da história", caro à pedagogia freireana (Germano, 2006), no qual o que importa efetivamente é conhecer e dar voz, trazer ao espaço público e de formação a dimensão social, cultural, política, ecológica, econômica e pessoal da vida cotidiana dos anônimos.

Procuramos radicalizar o conceito freireano e respaldá-lo em correntes contemporâneas da antropologia (Marchese, 2005; Zaccaria, 2003; Nakamaki, 1997); história (Vainfas, 2002; Schörner, 2000); geografia (Rego; Suertegaray; Heidrich; 2003; Haesbaert, 2002); sociologia (Nardi, 2006; Mellucci, 2001; Pais, 2001; Tedesco, 1999); psicologia (Frochtengarten, 2005; Costa, 2004; Carvalho, 2003); lingüística (Lopes, 2002a, 2003; Lopes; Bastos, 2002b); teoria literária (Santiago, 2004; Toledo, 2004, 2006; Kanaan, 2002; Hollanda, 2004; Fares, 2006); e estudos culturais (Silva, 1999; Tudor, 1999; Baetens; Lambert, 2000; Guareschi; Bruschi, 2003), priorizando as suas vertentes mais indisciplinadas (Rodriguez, 2000; Escosteguy, 2001; Mato, 2003).

Se as narrativas dos anônimos são exercícios de ficção, discursos, descrição imaginária ou realista de si e da sociedade, qualquer que seja a definição, ela não diminui os méritos e possibilidades pedagógicas, políticas e de produção de conhecimentos e sentidos sobre a sociedade em que os sujeitos vivem e atuam como profissionais e cidadãos.

Como observa o historiador Ancelmo Schörner,

[...] as lembranças que todos têm de onde vieram, moldam seu sentido do "eu" e, dessa forma, afetam as maneiras como constroem suas vidas. Ademais, as histórias de vida são "narrativas explanatórias" que desempenham um papel crucial na vida cotidiana. Na verdade, as histórias podem ser usadas para explicitar as diferentes motivações e trajetórias de vida, mas também como evidência do processo de auto-validação implícito na narrativa autobiográfica (Schörner, 2005, p. 103).

Os textos auto e/ou biográficos de nomes destacados da política, artes, esportes, ciência e da vida mundana têm recebido ampla acolhida de crítica e de público (Schmidt, 2005).

Mas podemos afirmar que as auto e biografias de pessoas conhecidas refletem a realidade ou são testemunhos importantes de fatos sociais e culturais, portanto com "validade" histórica e não apenas interpretações e ficções com validade (menor?) apenas literária?

Essa questão tem permeado as análises dos estudiosos sobre o tema (Villanueva, 1992; Folkenflik, 1993a, 1993b; Sturrock, 1993; Jozef, 1998; Bruner, 1993, 2001, 2004) e é importante para um dos objetivos do nosso trabalho, que é trazer ao espaço público, com critérios de validade e de pertinência pedagógica, textos escritos por anônimos, nos quais o que se pretende não é observar como eles narram, mas sim como se vêem e se situam no contexto dos fatos e o interesse que essas narrativas na constituição do currículo (em processo) da formação profissional e de identidade profissional, cultural e política.

Em outras palavras: a importância dos textos com características autobiográficas no processo pelo qual alguém se torna educador/a ambiental. Na construção da identidade profissional, as narrativas proporcionam a quem as escreve uma possibilidade reflexiva, que logo contribui com o autoconhecimento de seus autores enquanto pessoas. Ao escrevê-las, desencadeia-se também a imagem do leitor. Assim, o processo reflexivo e descritivo passa a ser mais amplo, pois tem por princípio a dialogicidade e a possibilidade de ser lido e (in)compreendido pelo outro.

A pesquisadora Bella Jozef observa que "a crescente importância da autobiografia é parte da revolução intelectual caracterizada pelo surgimento de uma forma moderna de consciência histórica. Engloba uma série de escritos ligados à emergência do eu no espaço da modernidade" (Jozef, 1998, p. 295-296). Ao estimular a produção e trazer ao espaço público pequenas narrativas de sujeitos que não tinham, até então, nenhuma intenção de sair do anonimato ao escrever sobre a eventual (des)importância de suas vidas cotidianas e que não fazem da escrita seu exercício existencial e profissional, não podemos afirmar que essas narrativas se filiam ao (discutível) gênero autobiográfico.

Os "escritos", mais que os "textos" têm ocupado e renovado os debates no campo da etnografia (Clifford, 1998; Bryman, 2001; Bruner, E., 2001; Geertz, 2001; Tyler, 2001). Isso ocorre pelo questionamento pautado em Michel Foucault, Roland Barthes e autores pós-modernos (de Walter Benjamin a Derrida, de Deleuze & Guattari a Gianni Vattimo, e nos antropofágicos dos anos 1920 da "paulicéia desvairada" do século passado) não só sobre noção de texto como a de autoria: Quem é o autor? Aquele que escreve o que foi dito, ou o "informante" que elabora "o texto" de forma oral? Qual é o espaço da ficção na narrativa etnográfica oral e/ou escrita?

Sendo a etnografia intimamente relacionada com a comunicação escrita (grafia), não é de se surpreender que seja atingida pelos argumentos dos críticos da modernidade, colocando assim em xeque as suas bases teóricas e políticas herdadas das relações com os projetos "civilizatórios" dos colonizadores.

Dessa forma, outras possibilidades de escritas voltadas principalmente para a emancipação política dos sujeitos autores (antes considerados "informantes") não representam apenas uma adequação de linguagem ou de estilo, mas uma "grafia" mais condizente com as questões políticas que se quer evidenciar (Lecompte; Preissle, 1993; Bryman, 2001; Rockwell, 2002; Walford, 2002; Phillion et al., 2005).

Esses escritos não enfatizam apenas um significado, nem primam pela "coerência" lingüística, gramatical ou histórica. São espaços e reflexos das múltiplas tensões sociais, culturais e políticas dos sujeitos-autores. Trazem, como palavras-chave, segundo Edward M. Bruner, "história, discurso e narração" (*story, discourse and telling*) (Bruner, 2001, p. 142). O autor explicita sua definição observando que a história (*story*) é a seqüência dos acontecimentos, relatados sistematicamente, que o discurso é o texto no qual a história se manifesta, como uma novela, um mito, um filme, uma conversa, e a narração (*telling*) é a ação, o processo comunicativo que produz a história em discurso (Bruner, 2001, p. 142-143).

Nesse sentido, o sujeito e autor da escrita elabora o seu discurso e o expõe da forma que mais lhe convier, dentro de suas possibilidades criativas e discursivas.

A perspectiva etnográfica e, com ela, a importância das narrativas têm se ampliado e constituído um grupo de pesquisadores/as da educação em diferentes países e contextos culturais, desde pelo menos os anos 1970 (Lecompte, Preissle, 1993; Levinson et al. 2002; Rockwell, 2002; Walford, 2002; Phillion et al. 2005; Galvão, 2005).

Com esses argumentos e em diálogo com a perspectiva teórica e política de construção de identidades e de intervenções educativas e ambientais no cotidiano das comunidades e escolas, o recurso da "escrita" no processo de formação dos/as extensionistas e professores/as, apesar de aparentemente retrógrado e conservador, trazia embutido e encontrou espaço para explicitar com a perspectiva do pensamento, científico, cultural e político pós-moderno, que passa necessariamente pela produção de sentido e significado do "ser/estar" no mundo (Vattimo, 2002).

As referências a si próprios que os/as extensionistas do Amapá e professores/as do Rio Grande do Sul fazem foram induzidas por nós, sem que nenhum critério de veracidade histórica, etnográfica ou de criação ficcional tenha sido solicitado.

Procuramos com isso estimular a reflexão e a expressão escrita das características de cada um e dos locais onde vivem e atuam os/as participantes do processo de formação, por considerarmos que "conhecer-se" e "situar-se no mundo" e com o "outro" são princípios fundantes da construção coletiva da identidade pessoal e pública do/da educador/a ambiental.

Os escritos produzidos não são nem podem ser considerados narrativas autobiográficas, embora apresentem características que permitem essa interpretação. Também não são narrativas literárias, elaboradas com rigor lingüístico e/ou de estilo, posteriormente comercializadas e difundidas como produto cultural.

Não são também narrativas etnográficas, embora apresentem as características apontadas por Edward M. Bruner e enfatizadas acima, mas não foram elaboradas como "novos meios de representar adequadamente a autoria dos informantes" (Clifford, 1998, p. 48).

Eles são registros solicitados e escritos em contextos específicos que definimos como BIO:GRAFIAS. Não são biografias no sentido mais amplo, ou seja, escritas por uma pessoa sobre outra que revelam interpretações, testemunhos e fatos pessoais de interesse histórico e/ou cultural, nem são autobiografias que trazem confissões e detalhes da vida dos autores.

Não são telos da vida de alguém de interesse coletivo, como é no caso das biografias, nem registros de uma vida em processo como nas autobiografias (Folkenflik, 1993b, p. 15).

As bio:grafias se diferenciam das narrativas literárias (auto) biográficas (Jozef, 1998) como o explicitado anteriormente e das narrativas etnográficas obtidas em contexto de pesquisa com objetivos bem definidos de análise dos modos de vida de grupos sociais (Clifford, 1998).

Embora apresentem um distante parentesco, as bio:grafias se diferenciam também das narrativas do ambientalismo presentes nos romances (*bildungsroman*) e textos de formação intelectual e crítica (Brockmeier; Harré, 2001, p. 43-44).

Essas diferenças são necessárias por explicitarem não só os estilos e impacto de cada uma delas, mas principalmente o contexto cultural e social de sua produção e difusão.

Outro aspecto fundamental na definição das bio:grafias são as características do seu conteúdo pautado nas trajetórias pessoais relacionadas prioritariamente com a temática ambiental, nos seus aspectos culturais, políticos, sociais, econômicos e ecológicos, e por serem resultantes de processos pedagógicos.

Elas expressam representações sociais, "como fenômenos específicos que estão relacionados com um modo particular de compreender e de se comunicar – um modo que cria tanto a realidade como o senso comum" (Moscovici, 2003, p. 49), e conhecimentos obtidos da observação e vivências cotidianas.

Dessa forma, favorecem a visibilidade de "zonas desconhecidas" e são um convite para adentrarmos à intimidade e privacidade com cumplicidade e abertura ao diálogo entre autor/a e leitor/as. Para isso, as bio:grafias precisam refletir a veracidade dos fatos e sentimentos narrados.

Sua pertinência está na possibilidade do reconhecimento da práxis cotidiana dos sujeitos, serem elementos do currículo no processo formativo (Monte, 1996) e estabelecerem redes entre sujeitos diferenciados, que permitem o reconhecimento de pertencimento num processo cultural e político de intervenção tendo a problemática ambiental como prioridade.

Por último, as bio:grafias permitem a presença de "múltiplas vozes" no espaço público sobre temáticas, conhecimentos, vivências e aspectos do cotidiano de locais específicos através dos relatos de seus cidadãos e cidadãs e de profissionais como os/as extensionistas, professores e professoras.

Nesse sentido, a noção de cotidiano é aqui empregada como tempo e espaço existencial e de intervenção profissional e política, no qual os sujeitos constituem-se em relação constante consigo, com o "outro" individual e coletivo, próximo e distante, conhecido e desconhecido e com o meio ambiente, imaginado e/ou delimitado como espaço físico, cultural e natural, internalizado como inerente às suas práticas pessoais e sociais.

Essa compreensão do cotidiano tem origem e continuidade na fenomenologia, etnografia e nas contribuições do pós-modernismo que enfatizam o direito às diferenças, à heterogeneidade do social e à pluralidade dos modos de vida (Tedesco, 1999; Vattimo, 2002; Wilterdink, 2002).

As bio:grafias enfatizam a cultura entendida como produção e expressão de idéias, sentimentos e experiências. Expressam a diversidade e a ecologia como uma proposta política e opção existencial que tem nas relações sociais, na subjetividade e nas diversas interpretações do que seja meio ambiente e seus principais fundamentos (Reigota, 1999; Reigota; Possas; Ribeiro, 2003).

Elas próprias têm como função ampliar esses fundamentos no espaço público. Ao tornarem visíveis as diferentes possibilidades de compreensão de atuação em relação ao meio ambiente, ampliam a dimensão política para além das fronteiras do cotidiano específico e delimitado dos sujeitos.

Nesse sentido, a noção política e cultural inerente às bio:grafias rompe com a rotina normativa e apática e da visibilidade a outras possibilidades, desconhecidas, menosprezadas, desqualificadas ou silenciadas pelas estruturas normativas que definem o que é ou não passível de ser levado em consideração, em escalas de valores definidas em espaços culturais e políticos hegemônicos.

Em resumo, as bio:grafias trazem consigo a possibilidade política e cultural de romper no cotidiano das práticas sociais e pessoais com os discursos homogêneos, produzidos e difundidos nos e pelos espaços hegemônicos.

# 4. BIO:GRAFIAS e a educação ambiental no cotidiano

Os/as extensionistas rurais do Amapá e os/as professores do Rio Grande do Sul explicitam nas bio:grafias uma série de características, como já mostramos ao longo deste livro. Neste item, queremos enfatizar como eles/elas se identificam e se reconhecem praticando a educação ambiental nas suas atividades cotidianas e como esses momentos possibilitam a identificação com a representação que eles/elas têm dessa prática pedagógica e política, da construção da identidade de educador(a) ambiental e como o processo de formação que participaram contribuiu para isso.

*Trabalhamos junto à escola, fazendo hortas, plantio de árvores, palestras que abrangem saúde, educação ambiental, ecologia, isso dentro de nossas possibilidades. Depois do 1º módulo do Curso de Formação em Educação Ambiental, houve um melhora considerável nesses trabalhos, hoje já é quase moda no município a sustentabilidade. Criamos, através da Câmara Municipal, o Conselho Municipal de Desenvolvimento Rural Sustentável e estamos formando o Conselho Ambiental. Isto sempre levando em conta a participação da sociedade através de debates, audiências públicas etc. Então me permito dizer que estamos conscientizando, sinalizando os órgãos públicos, as classes sociais. Eu penso que isso seja um pouco de educação ambiental.* A. D. P.

*Idealizamos duas unidades da Comunidade Sustentável: a família sustentável e a escola sustentável. Na primeira, cada membro da família realiza suas atividades de maneira a complementar as atividades do outro. Os que sabem ler trabalham para que os outros aprendam também. Periodicamente, uma família apresenta em reunião as atividades desenvolvidas na unidade familiar para que as outras aprendam também. Por exemplo, se a mãe de família usa uma planta medicinal para curar alguma enfermidade, isso será divulgado para todos da comunidade. Na segunda situação, na unidade escolar é feita uma unidade demonstrativa de produção de composto orgânico, para que seja feito posteriormente na unidade familiar.* I. M. O.

*Os meus conhecidos, como a A. G., que tem grande conhecimento na extração do óleo de castanha do Brasil, além de ser uma líder em potencial, é minha aluna no curso de alfabetização que desenvolvo a partir da iniciativa do governo do Amapá e a Universidade Federal do Rio de Janeiro. Esta senhora, além de entusiasta, gosta muito de questionamentos. O Sr. F., por sua vez, que tem um sítio produtivo, com 14 cabeças de gado, planta milho, feijão e caupi e ainda não sabe ler! Mas o homem é esperto, falador e sempre está apressado. Ele e a esposa, dona C., não sabem ler... estou insistindo com eles para que pelo menos dona C. aprenda (depois a convenço a alfabetizar o marido). Nesse segundo semestre teve início uma capacitação para que alguns técnicos do Rurap se empenhassem na alfabetização de agricultores... tivemos a presença de Isa Guerra Labelli que participou da 1ª Equipe de Paulo Freire que contribuiu para a formação do Grupo de Trabalho no estado que por sua vez está difundindo este programa (Saber Mais – Viver Melhor.). Atualmente estou com uma turma de senhoras em Água Branca do Cajari: algumas são extrativistas, outras parteiras, outras da Associação de*

Castanha do Brasil – *Bertholletia excelsa*.

*Mulheres da reserva. Trabalhamos com palavras-chave dentro do contexto dessas senhoras.* H. S. S. J.

*Após o curso sobre educação ambiental, passei a não mais dissociar aspectos da natureza com os aspectos sociais, culturais e outros. Pude, a partir dessa nova concepção de relacionamento entre homem-natureza, colocar as coisas em outros níveis, sentindo-me assim, um educador ambiental.* S. I. C.

*[...] implantei uma horta em uma escola de Conceição de Maruanum (eu, que nunca fui professor, consegui através de aulas despertar o interesses de crianças de 1ª à 4ª série para os temas ambientais); como tenho especialização em Agroecologia pela Escola Agrotécnica Federal de Machado-MG, direcionei o plantio da horta para a questão ambiental, sempre enfatizando de maneira simples as atividades sustentáveis e suas conseqüências futuras. Sinceramente, naquele momento me senti praticando a educação ambiental.* P. R. G. B.

Os trechos das bio:grafias acima mostram a relação intrínseca entre teoria e prática da educação ambiental como educação política de intervenção e participação social conforme amplamente divulgado na literatura especializada (Toledo R., 2006; Barchi, 2006; Pelicioni, 2005; Bolfe, 2004; Pereira, 2004; Prado, 2004; Ribeiro, 2004; Silva et al, 2004; Araujo; Lima, 2003; Gemaque, 2002; Reigota, 1994). A esse enfoque, inclui-se o processo da construção da identidade educadora ambiental, seja na escola, seja no espaço das interações sociais e afetivas fora dela, que pode ser resumido na questão: "afinal, o que é ser educador ambiental?" (Silva, 2006). Podemos encontrar algumas respostas nos trechos das bio:grafias a seguir.

Mostram também que é através das ações cotidianas associadas à fundamentação teórica abordada no Curso de Formação de educação ambiental que as pessoas se reconhecem como "educadores ambientais". Resta saber se esse reconhecimento tem continuidade, se aprofunda e se qualifica, transformando-se em mais uma das identidades dos sujeitos (Hall, 2003), ou se ficam limitados a esses momentos bio:grafados e trazidos ao espaço público. Podemos continuar essas reflexões com trechos das bio:grafias dos professores e professoras gaúchos.

*Neste ano, na perspectiva da temática ambiental, proporcionamos dois seminários de formação para professores referência em educação ambiental das escolas da rede pública estadual. As escolas desenvolvem vários projetos, como: coleta seletiva de lixo, já que não temos usina de lixo, horta ecológica, reflorestamento das margens dos rios, ajardinamento, viveiros para reflorestamento das propriedades. Apesar de muitos destes projetos serem fragmentados, não têm muitas vezes uma relação da prática com a teoria, estamos engajados em mudar essa concepção para uma postura político-pedagógica, de cada educando e educador, para nos ajudar na sensibilização das práticas ecológicas, visando a melhoria do ambiente da comunidade escolar em geral.* I. S. G. R.

*Construir uma escola que incentiva a participação, uma escola que diz sim à vida, que promova o ser humano estabelecendo relações dos conteúdos com a realidade e com a natureza é o nosso grande desafio. Por isso participamos de encontros de formação, para podermos trabalhar o meio ambiente de uma forma interdisciplinar, e assim, preservar o que é de todos.* J. M. O. D.

*Pela Coordenadoria estamos participando, em nível regional, de Projeto SOS Piracema. É uma atividade de grupos e da comunidade que está mobilizando as pessoas, principalmente da margem do rio Uruguai; participamos também do Conselho Municipal do Meio Ambiente, criado no início deste ano e que está possibilitando maiores encaminhamentos na questão ambiental do município. Com as escolas da rede estadual, estamos organizando uma proposta de formação continuada em educação ambiental.* C. B. P. S. R.

*No Instituto Estadual de Educação Guilherme Clemente Koelhler de Ijuí, as atividades programadas pelos professores têm uma intencionalidade clara, no sentido de trabalhar interdisciplinarmente e de colocar a educação ambiental como carro-chefe de todas as discussões. Eu faço parte do projeto porque trabalho na escola com o componente curricular filosofia. Abordo mais especificamente os temas: ética, meio ambiente e cidadania.* E. P. S.

*A nossa escola agrícola, em Viadutos, tem destaque na região de Erechim por ter e estar à frente das atividades relacionadas com o meio ambiente, como o reflorestamento, campanhas contra os transgênicos. Entre muitas atividades, gostaria de ressaltar duas. Uma delas é o resgate e cultivo de plantas medicinais, juntamente com os nossos alunos e a pesquisa para saber quais são as plantas medicinais mais usadas e cultivadas; a segunda é o viveiro de mudas erva-mate, onde é coletada a semente e preparada, feito sementeira, tatos culturais, repicagem e venda de mudas aos agricultores da região. Neste mês de dezembro (2001) acontece a Feira Agroecológica em nosso município, e a escola estará envolvida nas atividades.* C. L. B.

*Os anos foram passando e minha angústia sempre me acompanhando por não entender as diferenças dos meus alunos, por não entender por que nossa escola reprovava e excluía tantos alunos, por não entender o porquê nós professores não buscávamos outra relação, outra compreensão do mundo, das pessoas, de suas particularidades, das suas realidades. Mas chegou o momento em que eu e meu esposo nos engajamos num movimento, porque entendemos que sozinhos não conseguiríamos nos fazer ouvir. E graças a esse grupo de pessoas que também sonhava com um mundo diferente, com mais justiça, mais igualdade, conseguimos solidariamente despertar e nos instrumentalizar através de leituras, análise de conjuntura social, política e econômica em que nos encontrávamos, e juntos construir nas nossas pequenas ações compreensões diferentes de ver as pessoas e o mundo em que viviam.* J. M. O. D.

*Em nossa cidade, Erechim, e região, trabalhamos muito a agroecologia, onde temos produtos naturais que beneficiam a saúde da população. Na minha escola (Escola Agrícola Estadual Emilio Grando) temos trabalhado envolvendo todo mundo: coordenação, professores, alunos, funcionários, e sempre procuramos trabalhar interdisciplinarmente nos três projetos que desenvolvemos sobre lixo, a importância da mata e da água. Ando tão entusiasmada que fui fazer uma especialização em educação ambiental em Amparo, São Paulo, e lá encontrei colegas de vários estados, entusiasmadas como eu.* C. P.

*Sei que no meu amanhecer de educadora, tenho uma idéia clara do que deve ser feito e construído... Lembro que alguns dias atrás meu sobrinho, ao ficar uma tarde com minha mãe, cortou um mamoeiro que tinha crescido numa jardineira que dá acesso à área da casa. Esse mamoeiro nasceu ali porque foram "atiradas" sementes da fruta, sem pretensão nenhuma... porém, estando já com um altura excessiva para o lugar, meu sobrinho resolveu replantá-lo em outro local, no fundo do pátio. Embora sendo uma planta nova, a raiz estava bem fixa, porém acabou quebrando o caule, e o restante da raiz desmembrou-se. A planta já estava com várias folhas e pequeníssimos frutos. Ele insistiu, afofou a terra com as suas mãos e replantou o mamoeiro. É um fato simples, porém o que me chamou a atenção foi o interesse dele em conservar, replantar e cuidar da planta. Pensei que ela não iria sobreviver e, até o momento em que escrevi o primeiro texto, não deu para perceber bem, pois as folhas grandes murcharam, ficando o restante desprotegido e o mamoeiro é uma planta que necessita de cuidados contra o frio, pois ela é de climas quentes, não sendo certamente típico de nossa região de fronteira. Isso, ao meu ver, é consciência ecológica do que podemos renovar no nosso planeta. Outro ponto que gostaria de salientar é que ele é um menino de 14 anos, estudante do ensino médio, moderno, com a mente voltada para os programas de Internet e filmes de ficção, mas ainda assim se preocupa com o ambiente de que também faz parte (pátio da casa da avó).* A. M. S. C.

# Michele Cousseau: nosso desafio é sair da ingenuidade, deixar o conservadorismo e propor alternativas sociais

## Contextualização da região

A 2ª Região Escolar é composta por 185 escolas estaduais, distribuídas em 38 municípios, localizados em quatro vales: o vale do rio Taquari, o vale do rio Paranhana/ encosta da Serra, o vale do rio dos Sinos e o vale do rio Caí.

Ao analisarmos o Vale do Taquari, nos referimos apenas à realidade do município de Poço das Antas, único do vale que faz parte de nossa CRE. O referido município possui extensas reservas de mata nativa, principalmente nos topos de morro, matas ciliares, ribeirinhas de arroios praticamente cobertas por vasta vegetação, diversos arroios e nascentes.

Ações como reflorestamentos das margens dos arroios, distribuição de água para a comunidade (que vem de um poço subterrâneo pertencente à Associação de Moradores), aliadas ao fato de quase todas as famílias terem sua horta ecológica demonstram a preocupação que a população do município tem com as questões socioambientais.

As escolas participam de todo esse processo com seus alunos, professores, pais e funcionários através do recolhimento e separação do lixo, do reflorestamento das margens dos arroios, da participação em projetos ambientais promovidos pelo município, do resgate do saber popular sobre plantas medicinais (com a formação de um herbário e a confecção de um livro contendo a apresentação de algumas ervas medicinais com as devidas indicações e receitas de pomadas e tintas caseiras).

As degradações ambientais ocorrem, principalmente, por conta da criação de suínos e da produção de carvão.

Os municípios que constituem o vale do Caí estão localizados numa área de extensa várzea, cercada por montanhas. Em determinados pontos da região, predominam matas nativas, diversos arroios e cascatas. Nas encostas dos morros, predominam as matas nativas reconstituídas, enquanto nos vales a cobertura vegetal é bem menor, pois é a área mais povoada e explorada para fins econômicos. Outros pontos, entretanto, são essencialmente urbanos.

A cultura do moranguinho é marcante em alguns municípios. A citricultura e a floricultura destacam-se como atividades de peso na economia da região. Agroindústrias constituíram-se na região para transformação do excedente dos morangos e outras frutas. Empresas de cerâmica também têm um importante papel na economia regional, assim como as pedreiras e algumas (poucas) empresas ligadas à área do couro-calçado.

A região foi povoada pelos imigrantes alemães e, até hoje, muitas cidades estão marcadas pelas características dessa cultura.

A região acusa algumas atividades predatórias que provocam graves conseqüências para o meio ambiente, entre as quais o assoreamento do Rio Caí e afluentes, a exploração de pedreiras e o desmatamento. As inundações constantes também são resultado das agressões ao meio ambiente.

Vales e montanhas repletos de matas e ar puro inúmeros cursos d'água que formam pequenas cachoeiras grande número de arroios e áreas essencialmente urbanas caracterizam a região do Paranhana/Encosta da Serra. Existe, no município de Sapiranga, uma importante Reserva da Biosfera da Mata Atlântica, que foi tombada pela Unesco.

Apesar de imenso potencial turístico, encontramos lixões em meio a reservas naturais, os rios estão poluídos pelo despejo de esgoto cloacal, agrotóxicos, lixo e resíduos industriais. Nas áreas urbanas ocorre a queima de lixo domiciliar e altos índices de poluição. Também constatamos a existência de pedreiras (algumas irregulares) e de caça ilegal na região.

Ao pesquisar sua realidade, algumas escolas têm sensibilizado seus alunos e suas comunidades para as questões socioambientais, buscando, com isso, a formação de sujeitos críticos e atuantes. Estas escolas conseguiram realizar um trabalho interdisciplinar, superando a discussão pontual e fragmentada que ainda comumente se faz sobre educação ambiental.

As escolas realizam trabalhos coletivos, aprofundam e estudam as questões ambientais, sensibilizando os alunos e a própria comunidade. Procuram ter um projeto de educação ambiental sempre em andamento, na tentativa de que deixe ser pontual e passe a ser significativo. Algumas escolas trabalham a educação ambiental em parceria com uma ONG, realizando atividades de sensibilização da comunidade e alunos para o tema, como passeatas, passeios de estudo, palestras e painéis.

A economia da região está baseada na indústria de couro-calçado, que não faz o devido controle da poluição e dos resíduos por ela produzidos. Estes poluentes químicos, em geral, são lançados diretamente nos rios e arroios, prejudicando o meio ambiente e contaminando o subsolo. O índice de poluição do rio dos Sinos é assustador. Já foi diagnosticado que ele resistirá no máximo 15 anos, se o despejo de esgoto cloacal e de resíduos industriais se mantiverem os mesmos de hoje.

Além das indústrias coureiro-calçadistas, existem pedreiras e saibreiras na região. O desmatamento, a existência de grandes lixões, a poluição sonora e a ocupação indevida do espaço geográfico caracterizam o vale dos Sinos.

Frente a essa realidade, algumas escolas estaduais garantiram a educação ambiental nos seus projetos pedagógicos e na sua prática cotidiana, conseguindo com isso envolver a comunidade escolar nesse importante debate.

Patrulheiros ecológicos, projetos de plantas medicinais, hortas escolares, minhocários, atividades de reflorestamento, apicultura, limpeza e classificação do lixo, pesquisa da realidade são algumas das atividades realizadas pelas escolas da região. Além disso, muitas têm trabalhado integradas às prefeituras, ONGs, a comunidade em geral e a outras entidades da sociedade civil, buscando "conscientizar" a comunidade para a importância das questões socioambientais.

## Análise da região

Durante a caminhada que fizemos com a educação ambiental, muitas foram as aprendizagens. Logo no início, percebemos que faltava aprofundar o entendimento da concepção de educação. Na verdade, se conseguíssemos praticar nosso conceito de educação, não teríamos que adjetivá-la, quer com "ambiental", com "especial", quer com qualquer outra denominação. Seria supérfluo, como um apelido.

O que temos vivido, ao contrário, praticamente nos obriga a usar adjetivo, pois se não o fizermos, corremos o risco de excluir questões fundamentais, profundamente discutidas e encaminhadas durante todo o processo da Constituinte Escolar e, posteriormente, com a (re)Construção Curricular pelo qual passaram as escolas e, por que não, as Coordenadorias Regionais de Educação e a própria Secretaria Estadual de Educação.

Primeiramente, nos demos conta de que não poderíamos adjetivar como "ambiental", mas sim acrescentar "socioambiental", pois buscávamos deixar claro que as questões ambientais não são apenas as relativas às árvores, aos animais, à Amazônia, às águas e ao lixo. O menino que não tem casa para morar, as famílias que se alimentam dos restos dos lixões são também questões ambientais e, conseqüentemente, assuntos escolares.

Num segundo momento, as escolas escolheram uma pessoa para ser uma referência em educação ambiental. Esta pessoa teve o papel de fomentar o debate sobre as questões ambientais dentro da escola, preocupando-se em discutir com o coletivo essa nova forma de ver a educação (sócio)ambiental.

Percebemos no percurso que, para a maioria das escolas, esse foi um trabalho duro e difícil. Nossa avaliação permitiu perceber que as mesmas deveriam aprofundar mais o debate. Foi realizado um encontro com a participação de duas CREs para discutir a educação socioambiental.

O I Encontro Regional de Educação Socioambiental, organizado pela 2ª e 27ª CREs, ocorreu no dia 14 de maio de

2002, em São Leopoldo. Queríamos marcar esse encontro e fazer algo que impactasse as pessoas. Assim, elaboramos uma lembrança que os participantes poderiam levar para suas escolas de origem.

Usamos, para reflexão, a frase: "O desafio da educação ambiental é sair da ingenuidade, do conservadorismo (biológico e político) a que se viu confinada e propor alternativas sociais, considerando a complexidade das relações humanas e sociais", de Marcos Reigota. Acreditamos que esta frase, aliada às fotos de Sebastião Salgado, cumpria o papel de impacto que desejávamos.

Durante o encontro foi levantada como já esperávamos, a problemática da falta de respaldo na escola para o trabalho do educador ambiental, que foge das questões meramente pontuais. Projetos estanques não interessam para essas pessoas; são, porém, a prática de grande número de escolas estaduais, as quais discutem pequenos pontos das questões socioambientais, mais no campo do senso comum.

Isto não seria um problema se este senso comum não fosse o ponto de partida para a superação de práticas e de situações-limite que entravam o trabalho didático-pedagógico nas escolas. O que ficou claro entretanto, é que para muitas escolas, o senso comum não é o ponto de partida, mas o de chegada.

Como superar o senso comum? Essa é, ainda, uma das grandes tarefas que temos na região. Como compreender que as questões socioambientais não se referem apenas ao "Salvem as baleias" ou ao "Jogue o lixo no lixo"? Como superar a prática, restrita à Semana do Meio Ambiente, da discussão dessas questões?

Essas interrogações nos moveram em todo o nosso trabalho e até hoje perduram. Temos muito claro que a superação desse "vício pedagógico" do debate pontual somente será superado quando pararmos para olhar e avaliar a prática cotidiana de cada um de nós, quando pararmos para refletir sobre ela. Vislumbraremos muitos entraves e dificuldades, pois a realidade da escola e do mundo pouco nos permite fazer.

É importante, entretanto, compreender que é no pouco que muito se constrói. Que é a partir do que temos que construímos algo novo. O olhar honesto para dentro de nós, para nossas experiências, nossa caminhada, a auto-avaliação de nossa prática, deixando de lado a ingenuidade que muitas vezes permitimos ser nosso guia (afinal, é mais fácil dessa forma).

Mais do que isso, buscar a avaliação por parte dos estudantes, e da comunidade, ver o que lhes interessa, ter a prática da pesquisa participante, conjugar conteúdo, currículo com as vivências do coletivo, ter um novo olhar, buscar uma nova prática que gere transformação de realidade é, essencialmente, deixar de lado o conservadorismo "didático-pedagógico-social" a que nos vimos confinados durante um longo período da história, tanto da nossa, quanto da história dos que nos antecederam.

Hoje, para o mundo, não somos as pessoas mais importantes. Podemos, entretanto, com a nossa nova prática (resignificada), com nosso novo olhar, gerar um mundo onde existam alternativas sociais includentes, em que as pessoas não tenham na sua carga genética a "lei do Gerson" ou o próprio "jeitinho brasileiro" (que tanto é utilizado para pôr comida dentro de casa ou dólares no bolso).

Assim, sair da ingenuidade do "não está bom como está, mas mesmo que quiséssemos, não poderia ser diferente"; deixar para trás toda a pesada carga conservadora que temos carregado e, finalmente, olhar para a realidade que nos cerca, propondo alternativas sociais para transformá-la é, fundamentalmente, papel de cada educador e educadora (com ou sem o adjetivo ambiental), de cada estudante, de cada membro da comunidade que cerca a escola. É tarefa fácil? Sem dúvida que não, mas é importante e necessário iniciar essa caminhada, pois um mundo melhor é possível e dependente das nossas concepções e das práticas que delas fazemos. – Michele Cousseau – São Leopoldo/RS.

## Kátia Kerber: nas barrancas do rio Uruguai

Gaurama, 10 de dezembro de 2001.

Meu nome é Kátia Kerber, tenho 40 anos, cursei Magistério, Letras, fiz Especialização em Orientação Educacional e em Deficiência Mental; isto tudo porque optei por abrir um leque de possibilidades, para não ficar restrita a apenas um campo de conhecimento específico; porém todos extremamente ligados entre si. Sou professora e atualmente exerço a função de Diretora da E. E. de Ensino Fundamental Monsenhor Roberto Landell de Moura, na Comunidade de São Marcos, município de Gaurama-RS, divisa de município com Viadutos e Áurea.

Moro no estado do Rio Grande do Sul. Nasci no município de Getúlio Vargas, onde residi por dois ou três anos, uma vez que sou filha de ferroviário e, por necessidade de trabalho, mudamos para o município de Marcelino Ramos, cidade turística com balneário de águas termais, também chamadas de sulforosas, com a maior ponte férrea e que, até um ano atrás mais ou menos, possuía um local chamado "Estreito do rio Uruguai", que hoje está encoberto pelas águas deste mesmo rio, devido à construção da "Barragem de Itá".

Posso dizer que me criei nas barrancas do rio Uruguai. Você sabe como surgiu o nome do nosso estado? Foi assim: os colonizadores, os bandeirantes, os desbravadores e os comerciantes que saíam de São Paulo em busca de um espaço eram orientados para melhor localização, tendo como referência "um rio grande lá do Sul" e foi assim que surgiu o nome Rio Grande do Sul.

Sabe, esse rio é magnífico, cheio de encantos e lembranças, especialmente para aqueles que tiveram suas casas arrastadas pela força das águas nas enchentes ou demolidas para que a barragem se tornasse possível. Eu tinha 4 anos e meio e ainda tenho viva a lembrança das casas levadas inteiras pela correnteza, até chocarem-se com os pilares da ponte férrea, por volta de 1964. Período das chuvas de São José, como dizem os mais velhos. Todos os anos o rio Uruguai estufava suas margens, e as águas corriam, arrastando tudo e todos que encontrava pela frente. Até parecia que elas queriam afastar o que estava próximo, porque se sentiam invadidas e como que prevendo o que viria pelo futuro.

O futuro trouxe o "progresso" que chegou e aos meus olhos com um alto custo. Mais do que bens materiais, com ele ficaram mergulhadas sob as águas, aparentemente serenas: os sonhos daqueles que tiveram suas histórias submersas e também nas imagens registradas em fotos, filmagens e documentários.

Penso que os mais velhos têm muito a contribuir. No entanto, não há muito espaço para eles, que se reúnem em grupos de terceira idade, desfrutam de momentos de fazer e trabalhos manuais, o que é muito importante, mas que poderiam ser, vou dizer, explorados em conhecimento informal, saberes populares e pela sua alta experiência de vida, pois que viram e viveram histórias, que nem mesmo o progresso, nem mesmo o tempo serão capazes de apagar.

Toda cidade tem "personagens" históricos, porque todos somos e fazemos história. Alguns se sobressaem, outros permanecem no anonimato. Lembro-me de uma benzedeira a quem procurávamos quando precisávamos. Era uma senhora já de idade avançada, que nunca negou ajuda e que nada cobrava. Acredite! Sempre funcionava. Hoje em dia, a coisa se complicou. Tudo químico, tudo artificial, tudo caro, tudo mais difícil... e o dito ser humano, não se dá conta de que é o grande causador de sua própria desgraça. Agrotóxicos, transgênicos, atentados terroristas sem contar com os outros tipos de atentados contra a própria vida e a de terceiros, aos quais estamos expostos e indefesos.

Existe uma necessidade urgente de resgatar as histórias, a fantasia e a alegria de viver, embora pareça estar tudo bem, aos olhos de muitos, que não se deram conta de que o que parece estar muito distante de nós está muito perto.

Desde 1990, resido no município de Gaurama, que em tupi-guarani significa "terra do barro". Nosso município teve início com a estrada de ferro, em 1908, com os primeiros imigrantes vindos diretamente da Europa e outros das colônias já existentes em Caxias do Sul (RS). O interessante deste fato é que, do lado de cima da ferrovia, instalaram-se os italianos e do lado de baixo os alemães e outras etnias. Hoje temos apenas alguns poucos prédios que preservam a história de Gaurama e seus estilos, sendo um deles o prédio da Ferroviária, hoje casa comercial. A população eleitoral se resume a aproximadamente 6.390 habitantes, dos quais 3.395 moram na zona rural e 2.996 na zona urbana. Aqui também sentimos muito forte e o êxodo rural e urbano, pois o número de empregos é insuficiente para a população, fato este amenizado através da instalação de indústrias de laticínio, pedras e agravado, ao meu ver, com a saída do frigorífico, há muitos anos, mais recentemente a transferência de boa parte da Perdigão para Marau. O poder público municipal criou uma área industrial e, atualmente, vem buscando trazer novas indústrias.

Recentemente, o Ibama multou uma empresa que vinha largando resíduos de laticínio em campo aberto. Mas há outros fatores que permanecem sem solução, pois ao mesmo tempo que precisamos oferecer condições de trabalho, também precisamos de melhores condições de vida. No bairro em que resido, temos um enorme açude, porém não existe rede de esgoto. Embora seja este um dos mais novos bairros do município, muitas residências se encontram em situação irregular quanto à liberação de dejetos. São muitas as preocupações, as necessidades, e a troca de informações certamente poderá auxiliar no sentido de melhorar as condições de vida em nosso bairro, município, região e assim por diante.

Ter acesso à história do Amazonas e em especial do Amapá, através do professor Reigota, dos textos e documentários, foi de extrema importância e serviu para despertar idéias e possibilidades, no que se refere à educação ambiental, trabalho ao qual demos início no ano 2000, de forma muito tímida, e que esperamos avançar nos próximos anos.

Certos de podermos contar com as experiências e o conhecimento de nossos amigos, agradecemos a oportunidade de intercâmbio e nos desculpamos pela falta de conhecimentos que temos, mas que certamente hoje está desperta em nós.

Nosso abraço carinhoso e apoio ao trabalho maravilhoso desenvolvido e que serve de exemplo, pois não precisamos buscar no exterior o que temos aqui no Brasil, e de tamanha qualidade.

## Selito Durigon Rubin: minha trajetória em educação ambiental

Neste texto, procuro relatar um pouco do Projeto Municipal de Educação Ambiental de Uruguaiana. Não desejo expor um trabalho histórico, mas minha relação com o projeto ou a minha percepção.

Sempre tive uma relação com a terra, pois meus pais são agricultores, e a maioria de meus irmãos também. Desde pequeno, aprendi a conviver com as plantas e os animais. Sempre, quando em férias, participava das lidas da agricultura.

A minha formação teve muito pouco sobre educação ambiental. Talvez as primeiras preocupações com essa área do conhecimento e de atuação humana deu-se com meus colegas da Faculdade de Filosofia, Ciências e Letras de Uruguaiana, com os professores Enrique Querol Chiva e Airton Batista Santos, na década de 1980.

Posteriormente, tenho participado de alguns seminários promovidos por ONGs locais relacionados à educação ambiental.

Em 1998, enquanto supervisor do Instituto Estadual Elisa Ferrar Valls – participamos do Projeto Municipal de Educação Ambiental, iniciativa da Secretaria Municipal de Educação e Cultura de Uruguaiana – SMEC, através do professor Eugênio Ost, do Campus Universitário II da PUC do Rio Grande do Sul, professor estadual permutado com o município para supervisionar a área de Ciências. O projeto visava unir esforços na área de educação ambiental, pois entendia que o meio ambiente ultrapassa a escola ou a rede escolar particular, pública estadual ou municipal. O projeto indicava uma proposta interdisciplinar, unindo as diversas áreas do conhecimento e as três redes do município.

Lembro que, no ano de 1988, a escola em que eu trabalhava estimulou atividades comuns e diversificadas, envolvendo as diversas disciplinas, integradas ou não. Havia também orientação através da coordenação-geral do projeto, realizada pela Secretaria Municipal de Educação e Cultura (SMEC), para que os projetos escolares envolvessem a comunidade, pois se entendia que, com a visibilidade de ações, era importante haver influência no comportamento das pessoas em relação ao meio ambiente.

O projeto estimulava não apenas o conhecimento da realidade, mas a criação e o desenvolvimento de vivências, ações, comportamentos que se manifestassem comunitariamente. Muitas ações, além do valor em si, tinham um valor simbólico de representação. Assim, uma coleta de lixo nas redondezas da escola era uma aprendizagem pessoal/grupal dos componentes da escola e da comunidade, mas ao mesmo tempo uma simbologia de outras atuações e comportamentos do homem em sua relação social.

A mostra de 1998 foi realizada no ginásio municipal e contou com aproximadamente 7 mil visitantes, entre estudantes e pessoas da comunidade. Nem todas as escolas participantes do projeto fizeram-se presentes. A escola em que eu trabalhava não participou, apesar de ter realizado, dentro dos limites, um ótimo trabalho. Já na 1ª Mostra Interdisciplinar (1998) houve a preocupação com o saber ambiental que perpassa a razão e a emoção; foram realizadas várias atividades artísticas no próprio ginásio.

Ainda houve uma divergência entre o projeto municipal que tinha o aval da Coordenadoria Regional de Educação, mas ao mesmo tempo dava suporte ao projeto da Companhia Riograndense de Saneamento Corsan denominado Sarandeio das Águas, que trabalhava com as escolas estaduais. Muitas trabalharam com dois projetos. Mesmo a Mostra Interdisciplinar de Educação Ambiental coordenado pela Secretaria Municipal de Educação e Cultura (SMEC) e o Sarandeio das Águas ocorreram nos mesmos dias, manifestando que a construção de um modelo municipal de atuação em educação ambiental ainda não estava construído.

Em 1999, estando na 10ª CRE, acompanhei o projeto quase que por iniciativa própria, sem uma discussão maior em termos de quem seria o representante na coordenação. Tendo participado pela escola, achava importante que a CRE desse o respaldo institucional, dada sua importância, uma vez que buscava um trabalho interdisciplinar e interinstitucional, com a abrangência do município de Uruguaiana.

De início o projeto sofreu uma crise, tendo em vista que previa unir os esforços da comunidade escolar e das instituições. Como professor-coordenador, entendi que deveria haver um trabalho em conjunto. A Corsan não entendeu bem como estava sendo avaliada a sua participação, até porque não havia debatido isso.

É importante salientar que, em junho, por ocasião da data do meio ambiente, as escolas apresentaram um desfile com materiais reciclados dentro de uma festividade-show organizada pela Secretaria Estadual de Saúde e Meio Ambiente. Mesmo as escolas estaduais que estavam em greve, participaram. Foi um show pedagógico impressionante pela beleza e significado.

Ainda em 1999, a equipe de coordenação do projeto, com a Corsan e com a Coordenadora do CRE, escolheram o tema básico para o ano de 2000: água.

O trabalho desenvolvido em 2000 teve o mesmo modelo teórico dos anos anteriores, mas certamente teve maior adesão das escolas e de suas comunidades. A mostra foi realizada no Instituto Estadual de Educação Elisa Ferrari Valls, que com um espaço amplo, contou com a visitação de 17 mil pessoas, entre estudantes e pessoas da comunidade. Todos os espaços foram utilizados, inclusive os laboratórios de Biologia e de Química.

Em 2001, com a mudança da administração municipal, a SMEC continuou prestigiando o projeto, colocando à frente dele a profesora Cleide Cardoso, que tem uma expressiva atuação em educação ambiental. A temática básica do ano é abrangente: valorização da vida, manifestando que a educação ambiental está integrada à educação. O projeto consolida-se e tem ampliado seus apoios, inclusive com a participação institucional da PUC-RS, Campus Uruguaiana. Também amplia a sua atuação em manifestações, por exemplo em defesa do saneamento público.

Descrevi um pouco do Projeto de Educação Ambiental do Município de Uruguaiana dentro da minha vivência e da minha participação. O mérito do projeto é ter uma coordenação democrática, pluralista, que coordena as atividades básicas, entendendo que o principal trabalho se dá na escola e em sua comunidade. Há respeito à diversidade de tratamento e a outros temas dentro de educação ambiental. É um projeto que respeita a atuação das ONGs na área. Minha atuação tem sido o de viabilizar o apoio da ação até o momento de ser um estímulo, muito limitado, para que as escolas estaduais participem, efetivamente, dele.

## João Valcenir Tomazin, de Vacaria: a importância das aves em nossa região

Sou o João Valcenir Tomazin, professor da Escola Estadual São Paulo de Tarso, Pinhal da Serra. Fui contratado no ano de 1998 para a docência em técnicas agrícolas e, em seguida, assumi as aulas de Ciências Físicas e Biológicas, área com que me identifico muito. Minha formação universitária é Tecnologia em Fruticultura, com curso complementar em Madri, Espanha, mas após essa experiência de trabalhar com crianças de 5ª à 8ª séries em ciências, senti necessidade de aprimoramento profissional. Estou no final do curso de biologia na Universidade de Santa Cruz (Unisc). Gostaria de explanar alguns momentos de meu fazer pedagógico na escola que se localiza numa pequena cidade recentemente emancipada, distante 80 km da sede da 23ª CRE.

Observando o interesse dos alunos, busquei desenvolver projetos que tornassem as aulas mais práticas, estimulando a aprendizagem a partir da vivência de cada um e trocando conhecimentos, favorecendo a experiência e a manipulação, trazendo a ciência dos livros ao cotidiano dos alunos e a valorização do meio em que vivem.

Ao analisar os conteúdos da 6ª série, deparei-me com o estudo das aves. Na aula seguinte, fiz um questionamento aos alunos, perguntando-lhes sobre as aves da região, habitat, espécies etc. devido o fato de que a maioria desses alunos provém do meio rural e convive diariamente com os diferentes tipos de aves. Diante da riqueza de conhecimentos demonstrada nas respostas dos alunos, resolvi desenvolver um projeto para que fosse possível sistematizar esse saber e, ao mesmo tempo, trazer para a sala de aula o conhecimento dos alunos, pais, enfim, moradores da comunidade, integrando a escola e o mundo ao qual ela está inserida.

Na sala de aula, pode-se perceber também, que muitos alunos desconheciam a lei vigente e usavam a caça como esporte ou comércio, sem noção dos danos ao meio ambiente, podendo-se concluir que tal hábito fazia parte da cultura passada através das gerações; portanto, esse projeto também objetivou a conscientização sobre a importância da ecologia e da preservação das espécies de aves que existem na região.

Após a discussão do assunto em sala de aula, partimos para entrevistas com os pais e moradores da comunidade, para coleta de informações, com questionário previamente elaborado, contendo questões como: "O número de aves e espécies aumentou ou diminuiu? Por quê? Que fatores analisam como possibilidades de não existirem mais algumas espécies, que anos atrás, eram em grande número? "entre outras". Após a conclusão da aplicação dos questionários, os relatos foram apresentadas e debatidos em sala de aula.

Também se solicitou a observação do comportamento das aves do convívio dos alunos, durante o período de dez dias, seguindo-se o registro de todos os aspectos observados, sendo que o roteiro dessa experiência foi elaborado com os alunos.

Estudaram-se, em sala de aula, aspectos diferentes do comportamento das aves pesquisadas.

A seguir, foi feita a coleta de diversos tipos de penas e sua classificação. Realizamos o estudo da sua estrutura e da sua importância na morfologia das aves, destacando-se aspectos como vôo, proteção, acasalamento etc. Observaram-se aspectos da importância das aves no meio ambiente, classificando-as em grupos e por sua função na natureza.

É interessante ressaltar a surpresa dos alunos ao constatarem questões simples, como conhecem bem as aves como as características específicas de cada espécie, que têm a sua razão de ser, tais como tamanho, formas e cores das penas das aves, seu comportamento, bem como a influência do meio sobre alterações na reprodução, migração e função de cada espécie.

Confeccionamos, no final dessa fase do projeto, um painel demonstrativo com os mais variados tipos de penas coletadas pelos alunos, que demonstraram alegria e interesse pelas pesquisas.

Iniciando uma nova fase desse projeto, os alunos realizaram a coleta de ninhos abandonados para avaliar a sua estrutura, analisando os componentes, em que se observou a presença de lã de ovelha, crina de cavalos, capim, entre outros, além de estudos sobre o como e o porquê das formas encontradas, onde estavam e a importância do ninho na reprodução das aves. A partir desse trabalho, sintetizou-se o estudo da reprodução das aves.

Relacionando as atitudes cotidianas às aves e contrapondo-as com as leis vigentes, através das entrevistas realizadas com os pais e do relato dos alunos, descobriu-se que mesmo desconhecendo as leis de proteção à fauna e à flora, a caça é realizada, mas os adeptos desta prática respeitavam a época de reprodução das aves, bem como a conservação dos ninhos.

Estudou-se, ainda, a importância das aves na indústria, o aproveitamento das penas, ovos, carne, análise da mesma na economia familiar. Aproveitou-se o conhecimento dos alunos nos relatos de suas vivências e enquadrou-se, nesse segmento a higiene que se deve ter no preparo das aves domésticas para consumo. Foram confeccionados cartazes com recortes e seleção das aves próprias para alimentação humana. Cada aluno trouxe para a sala de aula receitas de pratos feitos à base de aves, enriquecendo o estudo, pois a variedade dos hábitos culturais da culinária proporcionaram uma troca que ampliou o universo de conhecimento de todos, incluindo o aproveitamento de órgãos internos das aves. Em seguida foi realizada no laboratório da escola a análise dos órgãos internos de uma galinha. Esse ano poderia ter sido corriqueiro, pelo fato de a prática do abate ser muito comum nas propriedades rurais, porém o objetivo foi descobrir a função dos órgãos internos, análise minuciosa do coração, fígado, moela etc. Isto despertou o interesse e a curiosidade dos alunos. O estudo da morfologia interna, através da manipulação e contato direto e a comparação ao estudo teórico dos livros.

As aulas práticas foram registradas em fotografias, o que deu importância maior aos alunos, além das exposições de todas as conclusões da cada fase do projeto.

Ao chegar no final desse projeto, observei que o objetivo foi plenamente atingido, o estudo da morfologia externa e interna das aves teve êxito, pois os alunos foram construindo o conhecimento sobre o assunto de forma natural e prazerosa, demonstrando domínio dos tópicos analisados sem que fosse necessário utilizar instrumento de avaliação do tipo "provas".

Foi muito interessante desenvolver com alunos esse trabalho e verificar que a aprendizagem ocorre e que, quando motivados e partícipes, os alunos sentem-se importantes, pois também têm experiências de vida que não podem ser desprezadas pelo professor, além de serem agentes construtores do próprio conhecimento, e o professor, um orientador, lembrando que "Mestre não é o que ensina, mas aquele que de repente aprende com os alunos".

## Maribel Haas de Toledo, de Erechin: o conflito vivido

Como nome referência em educação ambiental da 15ª CRE de Erechim, estive visitando uma escola estadual da região do Alto Uruguai acompanhada por A. Essa escola está localizada próxima ao lado do rio Uruguai. Possui caráter essencialmente rural e com uma proposta de discussão ambiental. A direção, que em outros momentos já havia reclamado a presença da 15ª CRE na escola, recebeu-nos com grande alegria. Após conhecer o histórico da escola e olhar o álbum fotográfico onde se encontravam registradas as principais atividades, realizamos uma visita às dependências da escola. Os alunos estavam em aula, mas já sabedores da visita, nos receberam com palmas e de forma muito amistosa. Os professores também demonstraram quanto para eles era importante estarmos ali para conhecer o trabalho que desenvolviam. No refeitório e cozinha, estava uma das grandes riquezas dessa escola, pois era grande a variedade de hortaliças, verduras e frutas que nos mostraram. Também estavam preocupados com a conservação dos produtos armazenados da despensa (amendoim, pipoca, milho, feijão). Enquanto as merendeiras preparavam uma gostosa merenda (grostuli), iniciamos a visitação da parte externa da escola. As ervas medicinais estavam dispostas em um canteiro ao lado da escola e próximas a uma rua que proporciona acesso ao lago do rio Uruguai, lugar que, segundo a diretora, não seria o ideal, mas justificou que a estrada/rua era pouco movimentada. A variedade de ervas, devidamente identificada e com a respectiva prescrição, aguçou-me a curiosidade naquele momento: lembrei dos "chás da vovó" ou da "mamãe".

Passamos para a área de terreno da escola onde se localiza a horta, pomar, estufa. Era visível quanto era necessária a participação da comunidade escolar. Nas estufas, a beleza dos canteiros e o verde das alfaces, rúculas, couves, cenouras, e o colorido arroxeado da folha de beterraba formavam um cenário muito especial. Durante toda a visita, enquanto degustávamos umas bergamotas apanhadas diretamente do pomar, a diretora enfatizava a importância da participação de todos naquele trabalho: pais, alunos, funcionários e professores. Quanto ao lixo, é separado: o orgânico vai para a compostagem e também para alimentar um porquinho, e o inorgânico é recolhido pela prefeitura municipal. Quanto ao "porquinho", o mesmo servirá de prato principal de uma confraternização realizada tradicionalmente na escola. Também nesse momento de visita à horta, ao pomar e à estufa, fomos informados sobre as visitas realizadas por pessoas curiosas da comunidade (pais) para constatar o "porquê" de as verduras produzirem tão bem na escola e em suas residências não.

Visitamos também uma área nativa que fica ao lado do canteiro das ervas medicinais, passando a rua/estrada. Esta área é utilizada pela escola e pela comunidade para estudo e lazer. É denominada Encontro da Natureza, nome escolhido pelos alunos da escola. A vontade que se tinha, naquela tarde de julho, era abrigar-se junto a uma daquelas árvores e permanecer por ali, tal era a tranqüilidade e a harmonia local. Fomos questionados pela diretora se gostaríamos de fazer a trilha a pé até o lago, e a resposta foi positiva. Tratava-se de uma trilha recente, que estava sendo construída pelos alunos, para que o uso da mesma fosse mais contemplativa. A biodiversidade daquele local era fascinante: orquídeas, bromélias e avencas chamavam nossa atenção. Em muitos momentos paramos para ouvir os pássaros e respirar aquele ar impregnado da frescura da floresta ou ainda, abraçar o tronco de uma árvore. Também nos chama a atenção o fato de aquela área florestal ter permanecido em seu estado natural em meio a tanto desmatamento. Até então, respirávamos educação ambiental, e esta já estava impregnada em nosso semblante: paz, verde, harmonia, respeito, equilíbrio, objetivos, princípios e diretrizes estavam nos acompanhando.

Mas ao sairmos da floresta, a realidade foi muito clara. Romper com práticas arraigadas durante muito tempo exige muita disposição e trabalho.

Um agricultor estava reunindo a palha do milho e pondo fogo nos montes de palhas secas.

O sentimento expresso no rosto daquela diretora era angustiante. Ela ainda nos disse: "Ele é pai de um aluno nosso da 7ª série".

Ficamos perplexos, meio sem saber o que dizer um para o outro. Tentamos buscar palavras para dissimular nosso conflito. Seguimos a trilha através do acesso até o lago do rio Uruguai. Não éramos mais aquelas que havíamos iniciado aquela trilha. Aquela fumaça da palha de milho queimada que suavemente deslizava pelo ar quente daquela tarde de julho havia nos contaminado.

A diretora continuou a apontar intenções para tornar aquela trilha ainda mais interessante; atravessamos um córrego e, ao chegarmos no lago, fomos informadas de que naquele local esteve localizada a escola, antes de ter sido realocada, com o restante da comunidade, devido a formação do lago do rio Uruguai em função da construção da hidrelétrica de Itá (SC).

Retornamos para a escola pensativos. Os alunos nos aguardavam para apresentar um teatro, cheios de expectativa e motivação. Era evidente a discussão ambiental que existia naquela escola.

Ao longe, ainda se avistava aquela fumaça no ar, encobrindo o "encontro com a natureza".

## Marina Gutierrez: dos sonhos, dos limites, das afinidades e das possibilidades...

Em decorrência das comemorações da Semana do Meio Ambiente, que várias instituições e órgãos do governo ofereciam numa extensa agenda com inúmeras palestras e debates, resolvi participar deste que foi o meu primeiro contato com o tema educação ambiental.

Ao chegar à Secretaria de Educação, procurei o auditório onde se realizaria a tal palestra. Para meu conhecimento, na verdade seria um seminário de dois dias dirigido a professores de vários municípios do estado. Embora não estando em meu ambiente mais rotineiro de militância política, resolvi ficar, pois meu tempo com certeza seria muito bem aproveitado.

Já de início houve dificuldades em localizar o lugar onde se realizaria o evento, pois a primeira atividade programada para o auditório não estava sendo realizada lá. Depois de me perder um pouco por aqueles corredores de Centro Administrativo, consigo, por fim, localizar o grupo ao qual iria me juntar. Por entre os balcões de atendimento, numa extensa sala onde funcionam vários departamentos que compõem a Secretaria de Educação, lá estavam sentados, em meio círculo, um grupo de mais ou menos trinta pessoas acompanhando abertura do tal seminário, que contou com a apresentação de um concerto de violoncelos, uma breve encenação teatral e a fala de algumas pessoas.

Com certeza, a rotina daquela manhã de sexta-feira, naquela repartição pública, havia sido alterada por "aquele pessoal" da educação ambiental. Era curioso perceber a aproximação dos funcionários por detrás se seus balcões de concreto para ouvir e ver o que estava acontecendo ali.

Minha atenção se voltava para observar as pessoas que faziam parte daquele grupo. Não consegui, de imediato, sentir alguma afinidade; pelo contrário, me perguntava: "O que estou fazendo aqui? Esse não é o meu meio, não atuo nessa área, não sou professora, é um seminário para professores" Mas, enfim, fui superando esse sentimento de exclusão por não fazer parte daquele habitat e pensei: já que lá estava, lá ficaria e seria uma ouvinte de um assunto que me interessava.

Terminada a abertura, nos dirigimos à sala onde daríamos continuidade aos trabalhos. Quando fui preencher a lista de presença, me senti novamente "um peixe fora d'água", pois todos, sem exceção, vinham representando suas coordenadorias de educação. Embora não estivesse lá representando nenhuma instituição, identifiquei-me pelo local de trabalho. Estava lá porque queria, porque tinha interesse naquele assunto e porque tinha pensado que seria uma palestra aberta ao público em geral. O simples fato de preencher uma lista de presença me remetia a todas aquelas indagações: "O que estou fazendo aqui?".

É importante registrar, aqui, o exato momento em que aquela situação desconfortante de não estar entre conhecidos ou pessoas que atuassem na mesma área deixava de me incomodar. Foi quando o professor nos sugeriu que fizéssemos uma grande roda com as cadeiras, e esta simples iniciativa me deixou super à vontade. Jamais gostei de assistir a aulas ou palestras em que ficamos em fileiras, uns de costas para os outros. As cadeiras em círculo igualam! O saber, o aprender, o conhecer são processos coletivos. Temos que desconstruir esse "paternalismo", que temos enraizado em que o professor é um ser inquestionável e superior. Temos que romper essa cultura. Esse pequeno gesto de diferenciar o espaço físico, o ambiente em que trocaremos saberes, nos possibilitará enxergar o mundo por outros ângulos e sob outras perspectivas.

Foi aberto espaço para intervenções, em que refletimos sobre muitos aspectos acerca de tudo aquilo. Encerraram-se as discussões da parte da manhã. Pela tarde trabalharíamos a partir da leitura de um texto, e infelizmente não pude estar presente.

Na manhã seguinte, nos dividimos em pequenos grupos, em que cada pessoa relataria o que estava sendo feito em sua região sobre educação ambiental. Experiências foram trocadas e, na apresentação final, alguns pontos eram consenso:

– O desafio de desconstruir o conceito de que educação ambiental necessariamente era "coisa" de determinada disciplina e que ia além de atividades das Comemorações de Semana do Meio Ambiente, o lixo ou mesmo o cultivo de uma horta comunitária.

– Como fazer isso frente às limitações de um sistema de ensino público em precárias condições?

– Como levar adiante projetos, independente de apoio ou programas de governo?

– Com que ferramentas sensibilizar a comunidade escolar?

– Como "negociar" a importância da educação ambiental sem pensá-la como centralizadora de outros saberes ou dissociada das outras disciplinas?

Bem, tínhamos a certeza de que não havia uma resposta única nem uma receita. Estava claro que seria um processo, um caminhar, uma conquista e que aquele I Seminário nos estava possibilitando reconstruir, juntos, alternativas.

Atualmente, voltei aos estudos, ingressando na universidade no curso de Licenciatura em Educação Artística, que sempre foi o meu desejo. Tenho anseio de trabalhar as questões ambientais através da arte.

– Não preciso dizer mais nada, não é?

Estamos te esperando, tchê!!!

## Erasmo Machado Mendonça: Cutias do Araguai, onde nasci e cresci

Macapá, 28 de setembro de 2001.

Sou um dos poucos extensionistas que trabalha com a sua própria comunidade, pois foi no município de Cutias do

Araguai onde nasci, cresci, estudei. Retornei há dois anos para trabalhar, e melhor, fazer aquilo que sempre quis.

Vou contar um breve histórico de minha vida. Sou de uma região localizada a cerca de 10 a 12 horas de barco da sede do município de Cutias e de Cutias a Macapá; são 180 quilômetros de estrada de chão. Mas só conheci Macapá quando vim estudar na 5ª série, pois em minha comunidade só temos até a 4ª série. Quando cursava a 8ª série, em 1990, mesmo sem saber onde era "Castanhal", fiz concurso para escola Agropecuária Federal de Castanhal, para onde viajei com amigos que também foram aprovados naquele concurso. Passei três anos como interno e só voltei quando conclui o curso de técnico em agropecuária.

Minha família ainda mora na mesma propriedade onde nasci, e agora eles melhoraram a estrutura da fazenda; lá gosto de passar minhas folgas de trabalho. Nessa região acontece o fenômeno da pororoca, há ninhais (viveiros) de pássaros, lagos naturais com abundância de peixes. Particularmente, ainda não conheci lugar melhor que a minha região. Não penso em trocar aquele meio ambiente por nenhuma metrópole. Creio que com a informática estarei sempre bem atualizado.

Já fui casado durante cinco anos, mas a minha companheira não agüentou essa minha tranqüilidade.

Meus amigos e colegas são pessoas humildes, mas que cativam pela maneira simples, no trabalho passei todo esse período trabalhando só. Agora recentemente chegou o veterinário. Estamos traçando planos para um bom trabalho. Mas já trabalhei por quatro anos na escola em que estudei.

Nos últimos anos, as festividades no município vêm aumentando e acontece de março a abril o Campeonato Mundial de Surf na Pororoca; em julho acontece o Festival do Pirarucu (o peixe nobre da Amazônia). Apesar de haver mais pessoas católicas, os evangélicos são muito organizados e têm muita força nas decisões cotidianas.

Por cerca de dois meses, eu e uma equipe da Secretaria da Agricultura do Estado (Seaf) viajamos para o Araguari, onde havia um foco de febre aftosa na pecuária local. As maresias estavam muito fortes e começaram a abrir fendas de água por todos os lados da voadeira. Não dava para parar, pois iria afundar devido estar muito cheia. Continuamos a viagem e, logo em seguida, o motor parou; não deu outra: afundamos. Foi terrível, pois havia um colega que ficou muito nervoso e começou a chorar. Perdemos tudo o que levávamos: comida, parte dos medicamentos, sapatos etc. Mas graças a Deus, todos saímos com vida.

Devido o município de Cutias ter expressão na pecuária, ainda falta aos pecuaristas se organizarem, e estamos trabalhando para organizar uma expofeira agropecuária para dar início a essa intenção.

O governo tem uma estratégia para atender as reivindicações da população: criou um "fórum de debates". No nosso município, sou eu o presidente do "Fórum de Desenvolvimento Sustentável Local". Trabalhamos as ansiedades, necessidades, as potencialidade, o ecoturismo, flora e fauna da região. Após várias reuniões, elaboramos o diagnóstico para o município, o qual relata as necessidades, as soluções, a quem compete, se é a curto, médio ou longo prazos. E já levamos duas vezes o governador para discutir propostas para o município.

Já conseguimos através do fórum ramais, postes, asfalto, energia elétrica, reforma em escola, e outros.

O meu calo no pé é o prefeito, pois quer mandar em tudo e todos, ou seja, em todas as instituições, como o Batalhão Ambiental, os diretores de escola, o diretor de saúde e tem me dado muito trabalho. Já solicitou duas vezes para que a direção do Rurap me substituísse. Mas a comunidade, ou seja, agricultores, pecuaristas, presidentes de associações têm uma afinidade que garante a minha permanência, pois temos um novo trabalho com eles.

Quanto às escolas, sempre me preocupei com essa questão. Temos hortas escolares que ajudam na alimentação das crianças e servem para aulas práticas.

Quanto à locomoção dos alunos, são diversas as formas, devido ao fato de o município ter áreas de lago, de rio, onde as crianças vão de canoa; e nos ramais distantes vão de caminhão.

Um dia, durante um debate sobre opções de uma atividade para amenização dos impactos causados pela criação de búfalos, falei durante uns 30 minutos; quando encerrou a reunião, fui bastante elogiado pelas idéias que propus, já que se tratava de coisas palpáveis. Percebi então que estava trabalhando a educação ambiental.

## Joadson Rodrigues da Silva: o Laranjal do Jari

Macapá, 28 de setembro de 2001.

Moro em Laranjal do Jari, terceiro colégio eleitoral do estado do Amapá, localizado na região Sul, a 280 km da capital.

O nome Laranjal do Jari não significa muito plantio de laranja, pois conheci o cidadão (tio Salú) que deu esse nome ao antigo Beiradão (cidade localizada a beira do rio Jari). No entanto, tinha apenas dois pés de laranja na beira do rio Jari. Ele somou o laranjal + rio Jari = Laranjal do Jari, que foi fundada em virtude do projeto Jari no estado do Pará, divisa com o Amapá, com a finalidade de produzir celulose e extrair minérios.

Devido ao grande número de funcionários que necessitavam de residências no Laranjal do Jari, a cidade foi povoando e também desenvolvendo vários setores, com exceção do setor primário.

Segundo a revista *Veja*, em alguns anos atrás Laranjal do Jari foi considerada a maior cidade prostíbulo do Brasil, isso sem falar violência e no lixo, que toma conta da área urbana incontroláveis em alguns bairros. Diante dessa característica, Laranjal do Jari faz parte da área prioritária do governo, contando com várias ações e também participa do Programa Piloto de Proteção às Florestas Tropicais.

Com o passar do tempo, o Projeto Jari entrou em decadência e começou a dispensar, pouco a pouco, a mão-de-obra barata, causando assim um grande problema para cidade recém-fundada e, posteriormente, para o Amapá. Isso devido à origem dos empregados, migrantes do Nordeste, principalmente do Maranhão e do Ceará.

A maioria dos desempregados não era alfabetizado e leigos em suas profissões. As opções de trabalho que lhes restaram ficaram limitadas à agricultura, mesmo sem tradição agrícola e sem terras próprias demarcadas. Porém, a prática não ocorreu em harmonia com a teoria, ocasionando grande quantidade de áreas alteradas, isso causado pelo cultivo itinerante na floresta.

A sede local do Rurap no Laranjal do Jari funcionava com os técnicos extensionistas, sendo eles: Joadson (técnico em agropecuária), Marinho (engenheiro florestal), Alocid (técnico em agropecuária), Roberto (técnico em agropecuária) e Antonio Bahia (piloto fluvial). Fazemos a cobertura terrestre e fluvial, ao todo são 14 comunidades. As quatro comunidades são Muriocá, Maicá, França e Rocha. Fé em Deus e Igarapé do Meio, ficam localizadas em terra firme.

Ao chegar à sede do local, a nossa primeira preocupação foi fazer um levantamento socioeconômico, o que realizamos em três meses. Foi uma das melhores experiências que já tive, pois consegui detectar muitos problemas – vantagens, opções etc.

Poucos meses atrás, fiz uma pesquisa na Internet sobre os programas do Ministério do Meio Ambiente (MMA) e descobri que o Ministério disponibiliza recursos para recuperação de áreas degradadas, dá apoio às comunidades indígenas e desenvolve de manejo das florestas a fundo perdido. Rapidamente entrei em contatos com representantes de várias ONGs. Para a minha surpresa, todas tinham problemas com pendência de documentos, mas as associações gostaram das propostas, e a alegria deles me deixou muito estimulado.

## Gilberto da Silva Oliveira: Porto Grande, onde a vida flui naturalmente

Macapá, 28 de setembro de 2001.

Sou Gilberto da Silva Oliveira, técnico em agropecuária. Trabalho no Rurap, no município de Porto Grande, há um ano e dois meses. Meu trabalho é com extensão rural no assentamento Nova Colina, onde procuro desenvolver minhas atividades junto aos assentados. Meus colegas são jovens estudantes do segundo grau, com quem escuto música, faço pagode, bato pelada, bebo cachaça, ou seja, são belas pessoas para mim. No trabalho, converso com todos os colegas, mas precisamente com o Antonio Ramos e o Vander, este último uma pessoa superlegal e experiente na parte profissional. Procuro tirar algum proveito de seus conhecimentos, não esquecendo, claro, das virtudes do Antonio. Minha família sou só eu. Eu e eu. Minha casa é de alvenaria com dois quartos, um banheiro, uma sala, um pátio e uma área de varanda. Gosto de ficar pensando, procurando me conhecer dentro do mundo em que vivemos.

Minha comunidade é um pouco pacata, onde as pessoas não se preocupam tanto com o futuro, e as coisas fluem normalmente. As pessoas são um pouco tímidas, não tão comunicativas. Os idosos já não têm essas características e são mais alegres. Existem muitas crianças alegres e com vontade de, pelo menos hoje, servir um dia à Pátria. Tive essa concepção no Dia da Raça, 5 de setembro do corrente ano, quando as escolas desfilaram em frente à praça da cidade. Os religiosos são pessoas católicas, evangélicas, protestantes, adventistas etc. Os artistas se resumem a um grupo de pagode e alguns esportistas "profissionais" do futebol. Os pescadores nem sempre são pessoas humildes que procuram o seu sustento dos rios, mas também pessoas que fazem pescaria por esporte. Os caçadores são pessoas idosas que procuram, através da caça, conseguir algum alimento para sua família, o que na maioria das vezes acontece. A natureza é exuberante. Até mesmo dentro da cidade podemos observar a presença de muitas árvores e de animais. Os rios são as beldades do Amapá, com as águas de uma temperatura e beleza incomparáveis.

Há pouca violência na cidade, mas de vez em quando acontecem algumas barbaridades, como as brigas, não braço a braço mas sim faca a faca. Os casamentos não recordo de algum que valha comentários. Namora-se bem, só eu que fico de fora, talvez ainda não tenha encontrado alguém que mexesse com meus sentimentos.

No dia 8 de agosto, o Secretário de Agricultura, Pesca, Floresta e do Abastecimento, o Diretor Executivo do Rurap e mais algumas pessoas do governo estadual estiveram no "assentamento Nova Colina", verificando a área para construção de um viveiro comunitário de mudas, sendo bem acolhidos pelo presidente, associados da associação e convidados.

A população reclama que os técnicos vão pouco às áreas deles e reclamam da falta de estradas para escoamento da produção, como também a falta de apoio da prefeitura municipal.

O grande problema é a falta de meios de transporte. O agricultor fica à beira da estrada contando com a sorte. E, como problema ambiental, a falta de educação do povo. Há várias lixeiras à beira do balneário, mas os banhistas insistem em jogar lixo dentro da água e nos rios também.

As crianças vão para a escola a pé e também em ônibus escolares que fazem o transporte dentro da cidade, das comunidades para a cidade e vice-versa. A escola é da rede pública e oferece merenda escolar aos alunos até o nível fundamental, com professores capacitados, quadras de esporte, salas com ventiladores de teto, lousas com pincel atômico, banheiros, porteiros, serventes, com todo aparato de uma escola pública básica. Algumas escolas municipais têm até hortas educativas, sendo que essas hortas contribuem para a merenda escolar.

O envolvimento nosso com a escola está em levar sementes de hortaliças para serem plantadas. Usam adubos orgânicos, de preferência. Damos instruções técnicas sobre combate a pragas e doenças e elaboramos uma programação para que os alunos, no dia-a-dia, possam trabalhar, já que não podemos permanecer ali todo tempo.

Em se falando ao atentado nos Estados Unidos, as pessoas só chegam a falar que o Laden é louco, e mais louco ainda são os homens mandados por ele, pois sabiam que iriam matar, mas também morrer. Os jovens estão aflitos querendo saber se vai haver guerra, porque estão com medo de serem chamados para servir o exército.

## Marcelo Soares de Sena: a malária, um problema de saúde pública

Macapá, 28 de setembro de 2001.

Residi de julho de 2000 até maio de 2001 em Mazagão, quando, por ocasião da quinta malária (surto), eu me consultei com um médico que me tratou e consegui me transferir para a sede local de Macapá, onde eu estou até hoje.

O meu trabalho é realizado em conjunto com outros três extensionistas e constitui em atender os produtores rurais que nos visitam no escritório, fazer visitas a suas propriedades no município de Macapá, procurando auxiliar no sistema de produção e também dar apoio na organização de associações e quando necessário, fornecer o crédito.

Tenho colegas extensionistas que vieram da mesma forma que eu, de estados distantes.

Minha família mora em Dracena (SP): meus pais e dois irmãos moram na cidade e têm uma pequena propriedade rural.

Nas horas vagas, eu gosto de ir à igreja, ao grupo de jovens, a bailes, brinco de futebol aos sábados, saio à noite, volta e meia arrumo namorada, mas nada sério para um futuro compromisso.

Sobre Mazagão, a pessoa mais idosa que conheci foi o pai de "seu" Tomé no Carvão, com 94 anos. Ele me contou a história da formação da vila. Em Mazagão se comemoram com festas os dias de São Tiago, Nossa Senhora da Piedade, da Assunção, porém parte da população é evangélica.

O principal evento é a Festa de São Tiago, que junto com o Festival da Mandioca movimenta muitas pessoas para o Distrito de Mazagão Velho, a 35 quilômetros de Mazagão Novo.

Há muitas áreas de várzea no município, cortadas por rios e igarapés com muitos ribeirinhos que. Os moradores pescam e cultivam para seu sustento, vivendo às vezes com poucos recursos, muitos em condições precárias.

Mazagão é foco de malária, e 95% da população já contraiu essa doença na vida, seja "vevax" ou "falcípara". Minhas cinco malárias foram do tipo "vevax", que é mais branda que a falcípara.

A malária é causada pela multiplicação do plasmódio no sangue. O mosquito *Amophelis*, ao picar uma pessoa doente e, em seguida, picar uma pessoa sadia, transmite o plasmódio. Ele se aloja no fígado e, após quinze dias, sai para o sangue e, ao se multiplicar causa os sintomas que, se não combatidos, podem levar à morte. Os sintomas são: febre, dor de cabeça, dor nos olhos, e nas juntas, indisposição.

Caso for do tipo "vevax", o tratamento é o seguinte: dez pílulas de cloroquina: quatro, três, três no primeiro, segundo e terceiro dias respectivamente, acompanhados de primaquin até o 14º dia, em um frasco de antitérmico tipo "paracetamol". Fiz esse tratamento, repeti por cinco vezes até contrair minha quinta malária. Foi quando procurei um médico particular que me recomendou tomar cinco frascos (um por dia) de soro com cloroquina juntamente com primaquin (pílula) e recomendou minha transferência para Macapá.

Mudei-me para Macapá no fim de maio, e em agosto, para casa de um colega do Rurap, onde hoje estou. Em poucos dias, perdi minha carteira com todos os documentos na cidade.

Encontraram e me devolveram os documentos mais tarde. Um mês após roubarem na minha casa um rádio portátil com CD. Assim vou tentando me adaptar ao novo meio.

Uma coisa agradável são os rios e lagos.

A última visita à comunidade que fiz foi à Escola Família do Carvão, por ocasião da formação do Conselho do Meio Ambiente do Município. Foram representantes Sema do Amapá. Seria formada uma comissão que iria avaliar questões ambientais do município, assim como a concessão ou não de licenças de exploração.

Entre as principais reivindicações da comunidade está a implantação de rede de energia elétrica.

Um dos problemas ambientais é o da deposição do material contaminado na região da Área de Proteção Ambiental (APA do Curiaú). São necessárias campanhas para preservação de matas ciliares em nascentes e rios, educação para que a população dê o destino certo ao lixo, seja na cidade ou no campo. Também é necessária uma melhor avaliação das pessoas que tenham aptidão para o trabalho na terra, quando destinadas à reforma agrária.

As crianças das regiões ribeirinhas vão à escolas em catraias (pequenas embarcações movidas a motor, geralmente a diesel); fazem o trajeto em rios embarcando-as. Em Mazagão, temos escolas em vilas, certas localidades à beira dos rios.

Em Mazagão trabalhei junto à condução das unidades didáticas do Pronaf, na Escola do Carvão, envolvendo criações de suínos, aves, viveiricultura, hortifruticultura e minhocultura, monitorando as atividades junto a técnicos da escola. O objetivo seria desenvolver práticas que pudessem ser adotadas pela comunidade, buscando a auto-sustentabilidade das propriedades.

Dia 11 de setembro tinha acabado de vacinar o gado às 11h30 da manhã quando tomei conhecimento, vendo as reportagens na TV, de um produtor na comunidade. Ressaca da pedreira quando então ele disse: – "É melhor eu viver por aqui mesmo, porque aqui não tem atentados". Outro produtor disse que os Estados Unidos estão pagando o preço de tanta opressão que fizeram aos países mais pobres.

## Max Ataliba Ferreira Pires: chegamos ao Oiapoque! A educação nas comunidades indígenas

Macapá, 28 de setembro de 2001.

Eu moro no município de Oiapoque, que está a 600 quilômetros da capital Macapá. São 150 quilômetros de estradas asfaltadas e os outros 450 quilômetros são de estradas de terra; ao longo do percurso, passamos por aproximadamente sessenta pontes. Estou morando no município há um ano, um mês e dezessete dias. Meu trabalho é com pequenos produtores indígenas e outros agricultores. Fazemos visitas a suas propriedades para acompanhar o plantio de suas roças, dar algumas informações técnicas e sobre as formas de plantio. Na época da campanha de vacinação também trabalhamos com os pecuaristas. Meu colega de trabalho é o técnico agrícola J. Também trabalhamos junto com os técnicos da Funai na área indígena. Moro sozinho, pois não sou do estado e não sou casado. Nas horas vagas, gosto de procurar algumas gatinhas, jogar um futebol e tomar uma cerveja com os amigos, mas esta é muito cara: R$ 2,50 a R$ 3,00.

O município de Oiapoque é composto de dezessete comunidades, mas vou me ater mais às comunidades indígenas formadas por três etnias: Caripuna, Palikua e Galibi (Galibi-Oiapoque e Galibi-Marworno).

As aldeias normalmente trabalham no sistema de mutirão nas roças e o mutirão do sábado é para obra coletiva nas aldeias. Os indígenas mais velhos são muito respeitados e sempre ouvidos pelos mais jovens. As reservas indígenas são áreas extremamente bonitas e bem conservadas, onde há muita fartura de caça e pesca. Aproveitando este espaço, vou contar uma história de uma viagem que fiz para à aldeia do Kumarumã, que fica a aproximadamente seis horas de voadeira. Nessa viagem passamos por locais maravilhosos e intactos. Tivemos também a felicidade de observar uma grande quantidade de jacarés-açu, que podem chegar a 7 metros, mas o maior que nós vimos foi um de 5 metros na margem do rio. A área do Kumarumã já foi tema de reportagem do Globo Repórter. Uma coisa que me deixou amedrontado foi uma sucuri de 6 metros que estava morta no rio (imagine se estivesse viva).

Todas as aldeias têm seu período de festa e seus festeiros. Estes são responsáveis pelos fogos e pela parte de alimentação. A festa que mais vou detalhar é a que irá ocorrer no período de 6 a 18 de outubro: são os jogos Olímpicos Indígenas, de que todas as aldeias participam e competindo em provas, como corrida com tora, nado no rio, corrida de canoas, entre outros. Essas festas ajudam a manter a cultura indígena, como a dança do tuné e a fabricação do caxixi, bebida feita através da fermentação da mandioca e muito gostosa, com gosto azedinho bem suave, mas de um "porre" legal; o caxixi é servido em uma cuia. Segundo a tradição, se você não beber é considerado desfeita à cultura indígena.

Segundo um relato feito no encontro de segurança pública no município de Oiapoque, o gasto do governo do estado com a segurança nas aldeias é quase zero, pois os indígenas estão sujeitos às próprias leis das aldeias. Por exemplo, quem provoca badernas nas aldeias é mandado para o Encruzo fazer "faxina" em um tabocal (bambuzal com espinhas) com muita formiga de fogo. As pessoas que não são índios e que estiverem nas aldeias também estão sujeitas a suas leis.

A última visita de uma pessoa importante na comunidade foi a de dois biólogos portugueses, professores da Universidade de Lisboa (Manoel e Emanoel), que foram até a aldeia do Encruzo (duas horas de voadeira).Eles ficaram maravilhados com tanta beleza. O interesse dessas pessoas era de conhecer a área e estreitar os laços de cooperação entre ambos, bem como fazer intercâmbio com alunos de Lisboa para que realizem estudos aqui e também pessoas que trabalham na área irem fazer mestrado na Universidade de Lisboa.

A receptividade das comunidades indígenas com relação aos dois professores foi muito boa. Os alunos de uma escola da aldeia Santa Izabel cantaram e dançaram músicas indígenas e, no final, cantaram o hino do Amapá. Os dois portugueses registraram todos os momentos com suas máquinas fotográficas. Devem ter gasto pelo menos dez rolos de filme, pois batiam foto até de passarinho voando.

Com relação às autoridades locais, os índios reclamam do descaso com que são tratados, não só as comunidades indígenas mas todo o município de Oiapoque. Também reclamam da falta de infra-estrutura, como saneamento básico e água tratada, entre outras coisas. Um problema ambiental que está acontecendo é o do assentamento de Vila Velha do Cassiforé (comunidade não-indígena da BR-156), em que estão invadindo a área da Reserva Legal dos índios, cujo caso a Funai está tomando as providências.

A principal liderança dentro da aldeia é o cacique, eleito pela comunidade. O chefe de posto é um funcionário da Funai. Pode ser da aldeia ou não, e é responsável pelos relatórios de produção e outros que são repassados à Funai (nós do Rurap também temos acesso aos relatórios). Por fim, existem também os conselheiros, escolhidos pela comunidade.

Os alunos das aldeias às margens dos rios vão para a escola de canoa; às vezes juntam duas aldeias próximas para formar uma turma. Outras aldeias grandes, como Kumarumã, Kumene e Manga, têm escolas em suas localidades e os alunos vão andando normalmente; as aldeias da BR-156 têm um veículo que transporta os alunos.

As aulas são ministradas aos alunos em escolas construídas na comunidade ou mesmo na Casa Grande local de reuniões e festas. Os alunos aprendem todas as matérias da grade escolar e mais artesanato indígena e idioma Patuá (dado pelo professor bilíngüe).

O nosso trabalho com as escolas é muito bom e sempre desenvolvemos trabalhos juntos. Agora, implantamos uma agricultura, uma produção de mudas (5 mil) e uma horta escolar na aldeia do Manga. Nas aldeias da BR-156, Kaniá, Curipi, Samauma, Estrela, Tukay, Pixiá e Iwavka, implantamos em cada uma hortas escolares de dez metros quadrados de área. Quem toma conta de todos esses projetos são os alunos ajudados pela comunidade com a supervisão dos técnicos da Funai e do Rurap local.

Em dois momentos eu me senti (fazendo) colocando em prática o que aprendi na primeira parte do curso de educação ambiental. Primeiramente, quando em uma reunião na aldeia do Manga, com todas as lideranças indígenas discutíamos o crescimento da população indígena e uma possível falta de alimentos que poderá ocorrer, então foram estabelecidas normas para controle (manejo sustentável) da caça, pesca e extrativismo a fim de manter estas fontes por muitos anos. Outra oportunidade foi o contato com os alunos no período de implantação das hortas escolares, pois estamos conseguindo despertar nas pessoas a importância das verduras na alimentação. Assim, estamos ajudando na área social.

Eu percebi que o atentado às Torres Gêmeas e ao Pentágono refletiram na rotina das aldeias. No dia 13 de setembro, eu estava pernoitando (dormindo) na aldeia da Estrela. À noite todos vão até a Casa Grande para ver novela, e nesse dia eu vi algumas pessoas pedirem para colocar no jornal, pois estavam interessadas nas notícias. O que eu podia observar conversando com as pessoas ali presentes, era que eles estavam indignados com o que aconteceu; foram contra a violência, mas torciam para que tudo fosse resolvido em paz.

Eu não sou favorável à violência, sou radicalmente contra o atentado, mas os Estados Unidos foram vítimas de sua própria criação.

Meu nome é Max Ataliba Ferreira Pires, tenho 26 anos, sou nascido no estado de Minas Gerais (Terra do Queijo), formado em Agronomia em 1999 pela Universidade Federal de Viçosa.

Atualmente estou residindo no município de Oiapoque, Amapá.

Este é meu primeiro emprego como extensionista rural.

# 5. Cultura, meio ambiente e política

Os constantes deslocamentos em espaços com culturas e meio ambiente muito diferentes possibilitaram o aprofundamento e a avaliação de noções, teorias e da definição de educação ambiental como educação política (Reigota, 1994), com as quais temos trabalhado, assim como a análise de suas possibilidades e limites quando desenvolvidos em projetos de formação no contexto de políticas públicas de educação ambiental (Amapá e Rio Grande do Sul) e de formação de pesquisadores em educação (Sorocaba). Os artigos, teses e dissertações citados nas referências bibliográficas testemunham essa preocupação e produção.

Os desafios teóricos são muitos, e evidentemente não temos a pretensão de superá-los nem de justificá-los com essas (auto)referências. Expomos aqui os desafios que encontramos e como procuramos entendê-los para melhor intervenção política e pedagógica no cotidiano e contribuir com a reflexão contemporânea e pós-moderna sobre noções e temas clássicos, amplos e exaustivamente discutidos, nos espaços acadêmicos, como por exemplo a noção de cultura.

É de conhecimento dos estudiosos e pesquisadores o rebuliço que a noção de cultura tem sofrido, nos últimos anos, principalmente depois da entrada da pós-modernidade "que nasce na obra de Nietzsche... e o problema do epigonismo, isto é, do excesso de consciência histórica, que atazana o homem do século XIX (poderíamos dizer; o homem do início da modernidade tardia) e impede-o de produzir verdadeira novidade histórica, impede-o de ter um estilo específico [...]" (Vattimo, 2002, p. 170).

As pesquisas e os debates sobre a educação contemporânea estão inevitavelmente confrontados com as questões acima (Anped, 2003), e quando não são abordadas, esquecidas ou negligenciadas, é necessário enfatizar como as noções de cultura se relacionam com a problemática ecológica, em geral, e a educação ambiental, em particular.

Um dos mais recentes abalos que a noção de cultura iluminista e moderna recebeu vem das pesquisas realizadas por biólogos que colocam em xeque as certezas e comodismos que permeiam os fundamentos educacionais hegemônicos.

Observa Vattimo que

> [...] a grande discussão, que assinalou a filosofia do século XX, sobre as "ciências do espírito" contrapostas às "ciências da natureza" também parece revelar uma atitude defensiva de uma zona em que ainda vige o valor de uso, ou em todo caso, que escapa da pura lógica quantitativa do valor de troca – lógica quantitativa que rege precisamente as ciências da natureza, as quais deixam escapar a individualidade qualitativa dos fatos histórico-culturais (Vattimo, 2002, p. 7).

Como educadores/as ambientais, acompanhamos e vivenciamos os limites cada vez mais tênues da dicotomia das ciências modernas e a crise de seus argumentos, pressupostos epistemológicos e conceitos institucionalizados e "sagrados" (R. Toledo, 2006; Prado, 2004; Ribeiro, 2004; Reigota, 2002b).

Essa constatação com a qual temos que lidar dia a dia só amplia os desafios da necessidade e dificuldade de sua superação, pelo menos enquanto persistirem, no Brasil, as "ciências modernas" como base incontestável da produção, validação e difusão dos fundamentos pedagógicos.

Consideramos que se referir à cultura(s) e dar a ela(s) a devida importância exige a tomada de uma clara posição política e especificar o referencial teórico adotado.

A nossa opção política e teórica privilegia as expressões dos anônimos e procura trazê-las aos espaços públicos de discussão acadêmica de políticas e alternativas de intervenção cidadã que considera e reivindica como fundamental a validade das singularidades culturais que se manifestam no cotidiano e que são expressas e produzidas pelos anônimos, não como produto cultural a ser consumido, mas sim como expressão de uma forma de viver/estar/ser/intervir/se posicionar no mundo. (Barchi, 2006, 2004; Bonfanti, 2005; Bovo, 2003; Germano, 2006; Macedo, 2006; Pereira, 2004; Prado, 2004; Ribeiro, 2004; Silva, 2006; Silva, 2004; Vidoto, 2006; Lima, 2007; Nunes, 2007; Cardoso, 2007; Mattos, 2007.)

Estamos trabalhando com a noção de "cultura" como "a expressão de idéias, sentimentos e experiências" (Reigota, 1999, p. 25-38), na qual são enfatizadas as relações sociais, afetivas e profissionais no cotidiano e como essas relações alteram trajetórias, provocam deslocamentos, produzem conhecimentos, intervenções, encontros e desencontros com o "outro" (diferente, antagônico e vizinho) que caracterizam uma época, um espaço, a vida de alguém ou de um grupo.

Nos nossos deslocamentos e leituras repetidas das bio: grafias localizamos várias passagens que exemplificam a noção de cultura que adotamos presente no cotidiano dos/das extensionistas rurais do Amapá e dos professores e professoras do Rio Grande do Sul, como nos trechos seguintes:

*Eu estou em São Joaquim há um ano e três meses. Nesse tempo deu para conhecer um montão de gente. No entanto tenho amizade com poucas famílias. São contadas na mão a quantidade de casas que eu entro. Meu relacionamento com as pessoas é mais profissional. Mesmo assim conversamos muito. Adoro conversar com pessoas com idade já um pouco avançada. É interessante como eles contam as mudanças na comunidade. Falam sempre de como era a vida quando não se tinha estrada para Macapá. A viagem que hoje se faz em torno de duas horas de carro, há vinte e cinco anos se fazia com uma semana de barco. Eles costumam relatar, até com saudades, a fartura que a região tinha. Já houve tempo que lá se tinha muito jacaré, depois se teve muita capivara, veado, sem falar dos peixes. Tudo foi ficando lá atrás. As festas eram para se divertir mesmo. Falam sempre na festa de São Joaquim. Os moradores poupam dinheiro para gastar no dia da festa. Tem um senhor que eu não cheguei a conhecer, que era um dos pioneiros da região, ele gostava de leilão. Esperava todos darem seus lances e, quando menos se esperava, o velho gritava o dobro do valor que ofereceram. Ele nem queria saber qual era a prenda que estava sendo leiloada. Ele queria mesmo era gastar na festa.* E. B. O.

*Você precisa visitar o Mazagão Velho no mês de julho, pois lá acontece um dos maiores eventos religiosos do estado, que é a festa de São Tiago. Fiquei besta de ver tamanha devoção a tal santo, pois o povo se prepara o ano todo para esse mês. A festa talvez seja até melhor que as comemorações de fim de ano, e se aproveita que todas as comunidades do município se fazem presentes para realizar o Festival da Mandioca.* A. C. C.

*A minha comunidade tem 16 anos de fundação; é um assentamento do governo do estado, onde estão assentados aproximadamente 550 famílias que vieram do estado do Maranhão. É uma comunidade com tradição em cultivar a cultura do arroz, e estamos procurando melhorar a qualidade da farinha de mandioca produzida por elas. Dentro da comunidade, existem uma cooperativa, uma associação, uma igreja católica e outra evangélica, uma escola estadual e um posto de saúde. Os moradores com 99% de maranhenses são pessoas de cultura diferentes da nossa, aqui do estado. Um peixe que chamamos de acará eles o chamam de beré; fazem uma espécie de arma de fogo para caçar, que fica armada a uma altura de 20 cm do solo para ser disparada por leve toque.* G. S. M.

*Nas horas vagas, gosto de jogar futebol com os amigos. Não dispenso uma cervejinha gelada no beira-rio. Também gosto de uma palavra-cruzada, mas durante esse período venho estu-*

*dando para outros concursos. Prestei concurso em Santarém no mês de maio, a fim de tentar uma melhor remuneração, tentar um vínculo federal; quem sabe um dia retornar ao Recife, pois a saudade dos meus parentes, amigos e da minha terra é muito grande. No município do Amapá, além da quantidade absurda de carapanãs (mosquitos), a estrada é horrível. Choveu oito meses seguidos (nordestino acostumado a não ver chuva, já viu, chefe), além disso as festas do "Amapá Dance" são sempre as mesmas, com as mesmas pessoas, com as mesmas músicas, com a mesma seqüência, enfim, mesmice.* P. T. S. T.

*Aos finais de semana e ao fim de cada dia, sempre que posso jogo bola e baralho, bebo minha "santa" cervejinha, não todos os dias, mas no final de semana é "sagrado". Também paquero as gatinhas. Mas o meu passatempo predileto é andar a cavalo apreciando a bela natureza do local e relaxando o corpo e a mente, preparando-me para muitos dias de trabalho,* J. F. S. A.

*Sei que estou em dívida com você, pois desde maio ficamos de fazer um relato de nossas atividades, acontecimentos e experiências vividas ou vivenciadas nas comunidades em que trabalhamos como extensionistas rurais. Não foi por falta de tempo, mas sim por não ter o hábito de escrever. Até brinquei com alguns colegas dizendo: "não escrevo para minha esposa e agora vou ter que escrever para macho". Isso tirava muita gargalhada entre os colegas, que, assim como eu, não fizeram a tarefa de casa. Não sei se por falta de hábito, como eu, ou por falta de tempo mesmo [...] Nunca tinha vindo ao Amapá. Tive a oportunidade de vir em meados de junho de 1989 para o aniversário de minha avó, que aqui residia, iria passar uns cinco dias, passei quinze. Nessa ocasião, recebi o convite de um cunhado para trabalhar como gerente de um motel que ele possuía. A proposta foi tentadora, pois iria ganhar quatro ou cinco vezes mais do que eu recebia na minha cidade e foi assim que eu vim parar no estado do Amapá.* J. A. L. N.

*Para mim, que estou acostumado com o convívio do dia-a-dia de Porto Grande, nada mais é novidade e acabo achando tudo normal. Mas certo dia eu e um colega fomos fazer um trabalho na comunidade do Munguba, um assentamento localizado a 67 km da cidade de Porto Grande. O trabalho que tínhamos era fazer vistoria em treze propriedades, cujos donos tinham sido contemplados com projetos para o plantio das culturas de graviola e cupuaçu (oriundas da região amazônica). O veículo à nossa disposição era uma Toyota Brasil ano 1999, própria para realizar as atividades naquela região com estradas superesburacadas e até voçorocas, que muitas vezes impedem a passagem. Mas continuando meu relato, ao chegar à primeira propriedade, que é de um senhor já idoso, cabelos grisalhos, pés descalços, com a sua esposa, também idosa e com vestido até as pontas dos pés. Ao chegarmos próximo da casa eram mais ou menos 8 horas da manhã e gritamos:*

*– Oi de casa!*

*– Oi, pode chegar!*

*Quando nos aproximamos da porta, saiu um cachorro vira-lata latindo. Veio em minha direção e começou a cheirar os meus sapatos. Logo em seguida, o senhor sai primeiro e fala conosco:*

*– Ah! é vocês, heim? Seus filha de uma égua, mas vamo entrando,... e tu, bicho nojento, vai embora daqui que o pé do homem tá fedendo, mas não é tanto assim.*

*Começamos a rir. Depois de ter nos recebido dessa maneira, ele nos ofereceu uma xícara de café preto, que*

**Graviola – anona muricata**
Entre as espécies da família *annonaceae*, a gravioleira é a que apresenta os maiores frutos, pesando em média de 1 kg a 4 kg.
Essa fruta é originária da América Central, sendo amplamente difundida na região Norte do país, onde se desenvolvem projetos de cultivo da planta para comercialização de seus frutos em forma de polpa congelada (Silva, S. P., 2003, p. 131-132).

**Cupuaçu – theobroma grandiflorum**
É encontrado nas matas de terra firme da região amazônica. O fruto é consumido *in natura* ou na forma de doces, sucos e sorvetes, sendo o produto mais apreciado o bombom de cupuaçu. Atualmente, o chocolate de cupuaçu já é encontrado na região Sul do país e começa a ser exportado. Com a ampliação do mercado, difundem-se projetos de cultivo da planta, o que vem favorecendo inúmeras famílias de pequenas comunidades do Norte do país (Silva, 2003, p. 91).

Cupuaçu – *Theobroma grandiflorum*

*aceitamos. Enquanto tomávamos o café fomos falando do motivo de nossa visita à propriedade dele. De início ele não aceitou e nos interrogou assim:*

*– Vocês tão duvidando deu? Tão achando que eu não plantei nada do que tá no projeto? Pois fique sabendo (apontando o dedo em nossa direção) que eu não ia pegar dinheiro de vocês pra não pagar. Eu sou home direito.*

*Deixamos ele falar por algum tempo sozinho e, em seguida, fomos lhe explicar novamente o porquê de nossa visita e que não estávamos ali para prejudicá-lo, e sim para ajudá-lo com a liberação de mais uma parcela do dinheiro proveniente do projeto. Então, saímos e fomos andar pela propriedade e, durante nossas andanças, "seu" Raimundo foi colocando um sorriso no rosto e puxando conversa. Quando terminou a vistoria, ele nos ofereceu farinha de mandioca, açaí, banana, macaxeira, laranja etc., com o sorriso sempre estampado no rosto. Nos despedimos e seguimos viagem para mais doze vistorias...* A. R. M.

*Desde muito pequena, me acostumei a ver na época de Natal, as esquinas das ruas onde morávamos cobertas de pinheiros cortados à espera de compradores. Escolhíamos a mais bela, e só de imaginar aquela árvore em nossa sala, toda enfeitada com bolas coloridas, cobertas de algodão, castiçais pequeninos e velas de todas as cores, meu coração se enchia de alegria e felicidade. O tempo foi passando e, num certo Natal, me dei conta de que tudo aquilo não me alegrava mais, muito pelo contrário. Comecei a olhar com pena aquelas centenas de pinheiros jogados nas ruas após o 25 de dezembro e, com o passar dos anos, essa pena virou revolta. Cresci e vim trabalhar na Secretaria de Educação do Rio Grande do Sul. Nos anos 1970, a palavra ecologia começa a tomar parte de nossas vidas e, aos poucos, os hábitos das pessoas foram mudando. Dentro da Secretaria de Educação, é formado o grupo de educação ambiental, mais tarde conhecido como Pró-Guaíba (devido ao projeto do mesmo nome) que começou a "exportar" para as escolas estaduais o sentido de "respeito à vida".*

*Entretanto, e sempre existe um entretanto, apesar de ensinar que os rios deveriam ser preservados, as árvores, jamais serem cortadas e sim plantadas etc., todos os fins de ano, dentro da própria Secretaria de Educação, era armada uma enorme árvore bem no meio da praça central. Com o passar dos tempos, dos governos etc., tudo continuou igual. Quando entrou o novo milênio, tive a esperança de não ver se repetir a mesma coisa, mas qual não foi a minha surpresa quando, na semana de Natal do ano 2000, vi entrar pela rampa, um belíssimo pinheiro: alto, forte, frondoso, uma árvore adulta, que tanto ar havia purificado, tantas pessoas agasalhado, tantos pássaros protegido e acalentado em seus galhos, ali estava, serrada, arrancada, violada, morrendo só, longe do sol, da lua, da água e do céu. Olhei as pessoas que passavam por ela, indiferentes, e não consegui me calar. Fui até os armários do Pró-Guaíba e encontrei um cartaz que dizia: "Veja a natureza com outros olhos" e o coloquei em cima da árvore. Aos poucos, outros cartazes foram sendo colocados por outros colegas. Começamos a nos juntar, fazer bilhetes e, gradativamente, ela foi ficando repleta deles. Começamos também a reclamar a"autoridades competentes", e ficou resolvido que haveria uma votação na praça central, onde seria votada a colocação ou não da árvore no local. Houve reunião, falaram várias pessoas contra e outras a favor e, como era de se esperar, fomos até ridicularizados. O pinheiro foi colocado em pé, devidamente enfeitado, e uma semana antes do Natal estava seco, totalmente sem folhas, ostentando as bolas coloridas nos galhos nus. Como quem não quer nada, comecei a falar com algumas das pessoas que haviam apoiado a colocação do pinheiro, apontava para o esqueleto enfeitado e perguntava:*

*– E daí, está bonita a árvore de Natal?*

*Algumas pessoas desconversavam, outras se justificavam, outras, ainda, se defendiam, mas nenhuma me convenceu.* I. M. N.

*Em novembro de 1998, depois de realizadas as feiras de ciências, municipal e regional, e tendo sido classificados trabalhos de nossos orientandos, fomos participar da "última" feira estadual de ciências, organizada pelo Centro de Ciências do Rio Grande do Sul-Cecirs, em Santo Ângelo. Viajamos em um ônibus fretado pela Secretaria de Educação, com malas, trabalhos e... almas a caminho de Santo Ângelo. Saímos à meia-noite de Bagé. Chegamos ao nosso destino às 7 horas da manhã e fomos direto para o alojamento no Centro de Atendimento à Criança. O calor era intenso e isso tornava mais cansativos os "afazeres". Após carregarmos colchões, cobertas e malas escadas acima, numa grande confusão, chegamos à sala de aula, destinada como dormitório. Ficamos dezoito pessoas "dormindo" no chão. A quantidade de banheiros era insuficiente para atender os alunos e professores do estado, ali representados. Apesar do evento ser de mostra de trabalhos científicos, onde se presume que haverá um comportamento condizente dos participantes, não foi o que ocorreu. Os banheiros, lavatórios, vasos sanitários e boxes estavam entupidos de papéis, copos plásticos e montanhas de absorventes higiênicos, tornando impraticável o uso. E o calor... 35° C (até mais). A exposição dos trabalhos aconteceu nos pavilhões da Fenamilho, bastante distante do alojamento. Passamos três dias fazendo o trajeto do alojamento para o local da exposição. Saíamos pela manhã e retornávamos à tardinha. As refeições eram servidas no Parque de Exposição, onde enfrentávamos longas filas sob sol escaldante. Nem só de penúrias e de cansaço foram os três dias. Existiram momentos agradáveis e educativos, como o passeio às ruínas de São Miguel, o êxito dos alunos na apresentação dos trabalhos, o que lhes proporcionou maior interação com os outros participantes, e a festa de confraternização no último dia. Foi válida a experiência, principalmente pelo companheirismo desenvolvido no grupo.* S. P. / A. M. S. C.

*O nome de minha cidade é Viadutos. Ali vivem 2.350 no perímetro urbano e 4.750 na zona rural. A cidade é muito tranqüila para se viver. Tenho muitos amigos para o futebol, caminhadas e bailes. O nome da cidade provém das pontes da estrada de ferro que hoje está desativada. Nosso município poderia estar bem mais desenvolvido se a estrada de ferro estivesse ativada. É uma pena todo esse patrimônio em termos históricos, turísticos e econômicos encontrar-se hoje abandonado e depredado.* C. L. B.

Outra noção que tem ocupado nossas pesquisas e atividades é a de meio ambiente. Temos como ponto de partida a definição de meio ambiente como

> um lugar determinado e/ou percebido onde estão em relações dinâmicas e em constante interação os aspectos naturais e sociais. Essas relações acarretam processos de criação cultural e tecnológica e processos históricos e políticos de transformação da natureza e da sociedade (Reigota, 1994, p. 21).

Longe da auto-referência constrangedora ou de um comodismo em torno das mesmas idéias, noções e conceitos, temos procurado colocar essa noção de meio ambiente em xeque, buscar suas inconsistências e fragilidades frente às representações de meio ambiente que prevalecem no senso comum e de outras definições que encontramos na produção teórica e cientifica sobre o tema.

Corremos aqui o risco de afirmar que a noção de meio ambiente que adotamos no nosso trabalho não esgotou suas possibilidades, quando encontramos similaridades nas noções dos/as extensionistas e professores/as e ao observarmos suas relações com as práticas pedagógicas e sociais.

*Considerando as questões ambientais de hoje no mundo, o modelo da escola-família é o mecanismo de maior alcance junto às famílias dos alunos e a comunidade em geral. Podemos fazer educação ambiental com esses alunos de hoje e cidadãos de amanhã, que vão atuar no meio em que vivem considerando o meio ambiente também do ponto de vista econômico e social. Na minha comunidade (Carvão), há pessoas que prestam um serviço de grande valia, como o Tomé, ou simplesmente Tomézinho, que não cursou nem sequer o primeiro grau completo, mas é uma enciclopédia ambulante. Muitos jovens se inspiram nele para formar uma postura política e social. Temos o maior número de técnicos em agropecuária por comunidade do Amapá (filhos da própria comunidade), daí o fato de sermos uma das comunidades mais organizadas em prol do bem-estar comum.* A. S. P.

*Na minha comunidade, o Pacuí, o que acontece é que está sendo implantado o sistema SAFs irrigado e a mecanização de áreas degradadas para o plantio de mandioca, feijão e milho. A relação com o meio ambiente é que essas áreas degradadas têm a possibilidade de voltar a produzir e de serem recuperadas a cobertura vegetal (isso se se aproveitar para o plantio de culturas perenes). Após esse período, de uso de calcário que facilita a absorção das plantas de nutrientes. É muito importante que nessas áreas sejam imediatamente incentivados os plantios de culturas permanentes (leguminosas), com adubação verde, e aproveitar o momento do produtor com vontade de plantar. Não se pode deixar novamente cair no descrédito a atividade de extensão (incentivo ao plantio, com certa dose de conhecimento que vai dar certo). A fábrica de farinha de mandioca da cooperativa é uma realidade. É preciso que os cooperados sintam vontade de fazer. Não forçados por ninguém. É preciso ter cuidado ao tentar ajudar alguém, pois essa dita ajuda pode ser uma agressão, tanto pessoal, como intelectual ou material. Isso está relacionado com a educação ambiental, que na minha comunidade ainda está em fase de adaptação. Para o homem do campo que trabalha de sol a sol, o trabalho precisa se traduzir em lucro, pois para ele, na maioria das vezes, a natureza está aí para ser usada. Precisamos trabalhar levando isso em consideração, pedagogicamente, ou seja, com educação mesmo.* J. F. I. F.

*Em todas as cidades, há um crescimento populacional excessivo, aumentando o desmatamento, surgindo novas favelas. A coleta de lixo é deficiente, não há saneamento básico e os dejetos são jogados nos córregos e arroios e, conseqüentemente, irão para os rios. Lentamente as prefeituras estão se dando conta de que a coleta seletiva é necessária. O tratamento e a reciclagem do lixo são fundamentais para diminuir a contaminação do solo, a prevenção de doenças e os impactos ambientais. Em relação à água, o rio dos Sinos, um dos principais da região, abastece diretamente, ou através de seus afluentes, aproximadamente dois milhões de pessoas e também tem sido o local onde é depositado nosso lixo, os esgotos* in natura, *os despejos industriais, muitas vezes de modo clandestino ou inadequado. Nesta região, também, há uma variedade de banhados, que devem ser preservados, pois apresentam alta produtividade orgânica e rica diversidade biológica, servindo de locais de crescimento e reprodução de espécies, principalmente de peixes, anfíbios e aves. Essa preocupação é devido à possibilidade de serem aterrados e de terem seus cursos d'água alterados, conforme já ocorreu com alguns que se tornaram loteamentos ou estradas.* E. B. L.

*A conscientização dos problemas com o meio ambiente é vista agora como questão social, política e econômica, e seu equacionamento requer o posicionamento da sociedade através de novos valores, para que possamos garantir a continuidade e a qualidade de vida. Defendemos a idéia acima sedimentada nos seguintes fatos: as riquezas oferecidas pela natureza são inúmeras e certamente deveriam beneficiar as populações de todos os países, independente do poder econômico deles; a produção mundial de alimentos, por exemplo, é suficiente para todos, no entanto a divisão desigual vem produzindo legiões de famintos. Logo, aumentar a produção, não para sanar a fome, mas para gerar mais lucros, levou à destruição de extensas regiões de terra pelo uso indiscriminado de fertilizantes químicos e herbicidas atingindo espécies vegetais e animais; o avanço tecnológico estimula a idéia de poder e de domínio sobre o mundo. Tal poder, mal administrado, vem causando a destruição do meio ambiente natural, social e cultural, visto as grandes construções que passaram a representar emprego, instrução, fazem com que o interior e a zona rural se transformem em símbolos de atraso. O resultado que se constata é: ar irrespirável, serviços públicos estrangulados, criminalidade crescente e mal estar generalizado. Tudo isso como fruto de um modelo de desenvolvimento econômico imediatista e desagregador.* R. C. S.

O terceiro e último item desse tópico se refere ao que, de forma geral, está implícito em todo o trabalho e que aqui será enfatizado com o objetivo de deixar ainda mais clara (se é que não ficou) a dimensão política da nossa utopia e práxis. Em outras passagens deste livro, informamos que o processo de formação se deu no contexto de políticas públicas de educação ambiental que estavam sendo definidas e praticadas no Amapá e Rio Grande do Sul que viviam momentos históricos de mudanças sociais, culturais e ecológicas importantes e que deverão ser analisados futuramente por outros pesquisadores.

A perspectiva política do nosso trabalho era, e continua sendo, de descentralização do poder e das decisões e enfatizar a dimensão política da intervenção cotidiana dos cidadãos e cidadãs na construção de uma sociedade justa, democrática e sustentável. No período em que estivemos com os/as extensionistas e professores e professoras no Amapá e Rio Grande do Sul (2001-2002), considerávamos que o Estado podia ter uma participação importante nessa proposta, se estivesse comprometido com o avanço e consolidação da ética e da cidadania, fundamentos primeiros da educação ambiental.

A experiência histórica que ocorreu nos anos seguintes nos colocou diante de desafios teóricos e políticos que colocaram em xeque o papel do Estado. Aliados à microfísica do poder, que estimula insustentáveis populismos (e não a cidadania) e centralismos nada democráticos nem éticos, têm sido tema de nossas análises, práticas pedagógicas e pesquisas mais recentes (Barchi, 2006; Reigota, 2006).

O Amapá vivenciava a inclusão da noção de desenvolvimento sustentável como base de todo o projeto político e o Rio Grande do Sul canalizava, entre outros movimentos, o da Constituinte Escolar. No Amapá a noção de desenvolvimento sustentável foi sendo implementada na cultura, economia, saúde, segurança pública, agricultura, e contou com apoio técnico e político de profissionais do nível de, entre outros, Aziz Ab'Saber, Dula Maria Bento de Lima, Ignacy Sachs, José Mariano Klautau, Luciana Brondizio, Marlui Miranda, Naná Vasconcelos, Nilson Moulin Louzada e Paulo Roberto Magnólio Spósito de Oliveira.

Se para a equipe política e técnica, assim como para os assessores e profissionais convidados para seminários e atividades específicas, como os citados acima, a noção de desenvolvimento sustentável era familiar, e o Amapá representava um espaço único e audacioso na sua aplicação, era no entanto, necessário torná-la pública, difundi-la no cotidiano dos/das profissionais e entre a população de forma geral na sua versão mais audaciosa de integração das camadas pobres e excluídas da sociedade e a participação política e intervenção cotidiana dos cidadãos e cidadãs.

Nesse contexto, a educação ambiental só poderia ser entendida e praticada como o eixo fundamental do processo. Não se tratava de buscar aplicar a incipiente "educação para o desenvolvimento sustentável", em voga graças a decisão da ONU de declarar que de 2005 a 2014 seria à década da "educação para o desenvolvimento sustentável".

A perspectiva pedagógica apoiada e difundida pela ONU, suas instituições e seus "satélites" como ONGs nacionais e internacionais, universidades e mídia difundem uma perspectiva que anula a essência política transformadora da educação ambiental praticada na América Latina. Não é por acaso que a educação para o desenvolvimento sustentável tem tido o repúdio dos/das principais educadores/as ambientais e grupos do continente (González-Gaudiano, 2004; Anea, 2003).

A adoção da vertente da noção de desenvolvimento sustentado adotada nesse período nas políticas públicas do Amapá e a sua relação com a educação ambiental enfatizam o papel político das práticas sociais e pedagógicas cotidianas na redefinição de modelos de desenvolvimento não só econômico, mas também nos aspectos cultural, político e social, tendo como um dos seus princípios fundamentais a participação política de todos (Araújo; Lima, 2003; Reigota; Possas; Ribeiro, 2003; Gemaque, 2002; Reigota, 2001). O grupo dos/das extensionistas rurais é um dos que torna isso concretamente possível, pois se encontra diretamente envolvido com o cotidiano das pessoas que vivem nas comunidades do interior do estado, como as bio:grafias testemunham.

No entanto, se o componente pedagógico de suas atividades não é difícil de ser observado, no entanto era difícil de ser reconhecido, inclusive pelos próprios extensionistas.

Reconhecer-se como educadores/as era um processo a ser iniciado coletivamente, não como porta-vozes de um projeto político institucionalizado, mas sim como agentes e sujeitos de uma proposta contemporânea de política, indicada como adequada para um estado que, na época, dispunha dos maiores índices de preservação da Floresta Amazônica (Capobianco, 2001).

**Tabela 1.** Taxa média do desflorestamento bruto (km²/ano) de 1998 a 2000

| Estados da Amazônia | 77/78** | 88/89 | 89/90 | 90/91 | 91/92 | 92/94 | 94/95 | 95/96 | 96/97 | 97/98 | 98/99 | 99/00 |
|---|---|---|---|---|---|---|---|---|---|---|---|---|
| Acre | 620 | 540 | 550 | 380 | 400 | 482 | 1208 | 433 | 358 | 536 | 441 | 547 |
| Amapá | 60 | 130 | 250 | 410 | 36 | - | 9 | - | 18 | 30 | - | - |
| Amazonas | 1510 | 1180 | 520 | 980 | 799 | 370 | 2114 | 1023 | 589 | 670 | 720 | 612 |
| Maranhão | 2450 | 1420 | 1100 | 670 | 1135 | 372 | 1745 | 1061 | 409 | 1012 | 1230 | 1065 |
| Mato Grosso | 5140 | 5960 | 4020 | 2840 | 4674 | 6220 | 10391 | 6543 | 5271 | 6466 | 6963 | 6369 |
| Pará | 6990 | 5750 | 4890 | 3780 | 3787 | 4284 | 7845 | 6135 | 4139 | 5829 | 5111 | 6671 |
| Rondônia | 2340 | 1430 | 1670 | 1110 | 2265 | 2595 | 4730 | 2432 | 1986 | 2041 | 2358 | 2465 |
| Roraima | 290 | 630 | 150 | 420 | 281 | 240 | 220 | 214 | 184 | 223 | 220 | 253 |
| Tocantins | 1650 | 730 | 580 | 440 | 409 | 333 | 797 | 320 | 273 | 576 | 216 | 244 |
| Amazônia | 21130 | 17860 | 13810 | 11130 | 13786 | 14896 | 29059 | 18161 | 13227 | 17383 | 17383 | 18226 |

**Fonte:** MONITORANDO, 2007.   * Média da década   ** Média do biênio

Desflorestamento, aqui, é entendido como a conversão de áreas de fisionomia florestal primária por ações antropogênicas, para desenvolvimento de atividades agrossilvopastoris, detectada a partir de plataformas orbitais. O termo *desflorestamento bruto* indica que não foram deduzidas no cálculo da extensão e da taxa, áreas em processo de sucessão secundária ou recomposição florestal. A definição anterior exclui áreas de cobertura florestal afetadas por atividades de exploração madeireira ou por incêndios naturais, temas de outros relatórios específicos produzidos pelo Inpe.

Portanto, a dimensão política das práticas e atuações dos/as extensionistas rurais se apresenta, não sem contradições, resistências e adesões que o processo de formação em educação ambiental evidencia e torna público aspectos da Amazônia para além das fronteiras e limites dessas práticas cotidianas e pessoais.

*Graduei em engenharia florestal na Faculdade de Ciências Agrárias do Pará em 1998. Em 2000, conclui a pós-graduação em manejo e silvicultura tropical. Resido há um ano no Amapá, onde iniciei minha vida profissional, especialmente no Amcel, uma empresa multinacional de celulose. No entanto, com a venda dela para um outro grupo de empresas de celulose, também multinacional, houve redução de pessoal, quando fui incluído. No segundo semestre deste ano, prestei serviço ao Ibama, na operação "Amazônia fique legal", que consiste basicamente em vistorias técnicas de planos de manejo florestal e desmatamento. Com a minha convocação para trabalhar no Rurap, rescindi o contrato com o Ibama. Esse novo emprego, de extensionista rural, traz também, um novo desafio, pois minha formação voltou-se para a pesquisa, e tive poucos contatos com comunidades.* A. M. M.

*Um colega de faculdade que trabalhava numa fundação me convidou para participar de um curso prático de manejo e exploração florestal. Não pensei muito e fui participar do treinamento, que durou 16 dias. Ali aprendi técnicas de campo, assisti a palestras, participei de reuniões, aumentando um pouco mais o meu conhecimento. A partir desse treinamento, surgiram novos horizontes, dando maior motivação profissional para exercer a engenharia florestal no contexto sustentável. Após esse treinamento, apareceu a primeira oportunidade profissional, mesmo sendo uma atividade temporária, tive a chance de colocar em prática os conhecimentos e também de ganhar algum dinheiro, executando a atividade chamada inventário florestal, que durou 50 dias e uma malária no final.*

*Fiz mais quatro trabalhos depois. Tudo isso foi muito gratificante, porque passei a conhecer um pouco mais o meu estado, o Pará. Mesmo fazendo essas atividades temporárias, prestei concurso público em órgãos estaduais, prefeituras, sempre com a esperança de ter uma oportunidade mais fixa e segura. Foi quando surgiu a chamada para trabalhar no Amapá, através de aprovação em concurso. Vim para esse estado onde tenho irmãos e tios que me dão apoio para que eu possa desenvolver um bom trabalho; temos que introduzir nossas técnicas de extensionistas, principalmente no contexto ambiental, práticas de campo, contudo não podemos passar por cima das pessoas, de seus princípios, culturas, associações, cooperativas e origens. Devemos trabalhar conjuntamente com elas, buscando contribuir com o desenvolvimento sustentável da região e das comunidades locais. Só assim conseguiremos nos inserir nesse contexto mais geral.* M. A. N. V.

*Trabalho com a idéia de uma agricultura e pecuária sustentáveis para que se diminuam as áreas de queimadas e para que melhorem as perspectivas de vida a partir da exploração racional dos recursos naturais. As lideranças comunitárias são importantes para isso. Elas são derivadas do meio em que vivem, seja por idade, seja por sabedoria, reconhecidas pelas pessoas. Para as escolas que estão no meio rural, tem barcos para levarem as crianças à escola. O envolvimento que tenho com a Escola Família do Carvão ainda está em fase inicial, mas acredito que se tornará mais intenso com o que tenho e terei a oferecer sobre os animais (sou veterinário) que seja do interesse da escola.* C. N. R. G.

*Não sou a favor de um programa paternalista ao setor primário, no entanto acho que o governo deveria levar mais a sério as questões relacionadas a esse setor e as comunidades agrícolas do estado, oferecendo, através de seus segmentos, benefícios que lhes proporcionarão melhores condições de vida, que conseqüentemente elevariam a economia do Amapá.*

*As principais reivindicações feitas pelas comunidades do interior, que nós ouvimos, são: 1) escola para seus filhos; 2) assistência médica periódica ou permanente; 3) transporte para escoamento da produção agrícola; 4) liberação de linha de crédito para implementar projetos agrícolas, o que nem sempre acontece. Em várias situações de minha vida me senti fazendo educação ambiental, tais como orientando agricultores no manejo e preparo de área para implantar projetos agrícolas; na orientação no uso de agrotóxicos; na orientação do uso de recursos hídricos e mananciais existentes nas comunidades; na orientação da saúde e higiene pessoal nas comunidades; plantando árvores e cuidando delas; na formação de jardins e arborização das escolas da rede pública; orientando as pessoas da comunidade para dar destino adequado aos detritos fecais; orientando as pessoas de uma maneira geral, no sentido de preservar racionalmente todos os componentes existentes em seu ecossistema. S. S. R.*

*Quando cheguei a São Joaquim, em julho de 2000, tive a melhor impressão possível. Era mês de férias, mulher de tudo que é jeito, e logo pensei "Tô bem na foto". Que nada, ilusão. O mês acabou na mesma semana em que cheguei. Veio agosto, e agosto não tinha nada. Não tinha gosto de nada. No trabalho não dava para desenvolver quase nada. Era ano político e, quando entramos no Rurap, foi bem explicado para nós que, além de extensionistas, também seríamos políticos. Só não falaram que seríamos cabos eleitorais. De agosto a dezembro ficamos sem desenvolver quase nada. Fizemos várias visitas, mas isso não justificava o trabalho. São Joaquim é uma região que recebe recursos de várias partes do mundo por ser uma área em que os solos estão bastante degradados. Esses recursos internacionais são para investir quase sempre em recuperação de áreas, extrativismo vegetal e turismo. E. B. F.*

*O grande problema ambiental da cidade Laranjal do Jari é o lixo. A prefeitura, em parceria com o governo do estado e a sociedade civil, implantou uma ação para a conscientização da população. O objetivo é mudar o visual da cidade. Na primeira fase, em execução, o objetivo é a limpeza total da cidade e a definição da área para deposição do lixo urbano. Na segunda fase, iremos definir meios e técnicas de coleta de lixo nas áreas de palafitas e, numa terceira, pleitear fundos para uma usina de processamento do lixo. Ocorreu-me agora outro fato que deixou clara a necessidade do extensionista estar preparado para fazer educação ambiental. Estávamos em uma reunião no ramal do Bigode, distante mais ou menos 25 km da periferia de Laranjal do Jari, quando um agricultor fez críticas dizendo que o governo lhe obrigava a preservar 80% de suas florestas e ainda cobrava o imposto sobre essa terra improdutiva. Dizia que essa reserva não era nada mais nada menos que um estorvo na sua vida. Após esse desabafo, fiquei imaginando o melhor meio de fazer aquele agricultor entender que existem muitas formas de obter bens de valores muito superiores aos que ele estava acostumado a obter com a sua agricultura. Percebi, então, que faltam trabalhos de base, como alfabetização e organização social, para que os agricultores possam acessar créditos disponíveis no mercado. Apesar das dificuldades, se fizeram necessários, naquele momento, alguns esclarecimentos quanto ao valor comercial de algumas espécies madeiráveis, medicinais e ornamentais, e também quanto ao valor ambiental da conservação da cobertura florestal com o objetivo único de preservação das espécies nativas.* M. R. M. O.

No Rio Grande do Sul, o processo da Constituinte Escolar foi fundamental para que a Secretaria da Educação iniciasse sua política de educação ambiental para além do Projeto Pró-Guaíba. Além disso, representava também uma busca de alternativa aos PCNs difundidos pelo Ministério da Educação (Seed, 2002; Reigota; Esmério, 2002c; Silva et al., 2004).

Na questão ambiental mais específica, o estado, vivia o confronto com as tentativas de introdução do plantio clandestino de soja transgênica. A recusa aos transgênicos era uma política de estado e a Secretaria da Agricultura e Abastecimento liderava essa campanha. Num dos seus folhetos opunha os transgênicos à soberania nacional e afirmava:

> "O governo do estado do Rio Grande do Sul adotou uma postura firme em relação aos alimentos geneticamente modificados (transgênicos). Quer o território gaúcho livre desses produtos. A origem do problema está na aprovação em 1996, das leis de Proteção de Cultivares e de Patentes. Esta legislação transformou a produção de sementes numa atividade muito lucrativa, já que possibilita o patenteamento de uma determinada variedade. Evitar o monopólio de sementes pelas multinacionais que compromete a soberania nacional e acaba com a autonomia do agricultor no uso da própria semente se constitui no principal motivo da posição adotada pelo governo gaúcho" (Rio Grande do Sul, 200?).

Essa posição oficial é compartilhada e aparece em algumas bio:grafias dos professores. Mas será nas conversas e discussões durante os encontros ocorridos entre os professores em várias cidades do estado que o problema se apresenta na sua gravidade. Os professores e professoras sabem e vivenciam a entrada clandestina no país e plantio das sementes transgênicas pelos pais dos seus alunos e relatam as manobras que os agricultores fazem para despistar os fiscais. A tradição do movimento ecologista gaúcho foi um fator importante na disseminação de uma perspectiva política das práticas pedagógicas e sociais cotidianas (Guimarães; Noal, 2001). Nos trechos das bio:grafias abaixo, podemos observar como a dimensão política se apresenta.

> *O movimento ecológico, que se articulou para desfazer o mito de progresso e modernização da agricultura e da indústria, passa a construir uma nova proposta de sociedade mais justa e ambientalmente viável. Pode-se salientar que a maioria dos estudos e manifestações na região de Cruz Alta passam pela questão ecológica dos movimentos ambientalistas, condições de saúde, atuação e inserção política dos movimentos, economia e ambiente, impactos ambientais, questões técnicas como uso e manejo do solo. Especialmente na atividade rural os movimentos passam pelo Plantio Direto, um movimento estruturado e organizado com hegemonia maior dos proprietários de terras.*

*A agricultura alternativa ainda é uma atividade recente, liderada pelos pequenos proprietários rurais com mão-de-obra familiar, que abandona aos poucos o modelo modernizador de produzir por uma agricultura ecológica – sem insumos e defensivos químico-sintéticos. O desenvolvimento do debate e da consciência ambiental tem sido um fato marcante nos últimos anos e tem se construído uma nova visão e concepção sociedade-natureza. No entanto, em nossa região, principalmente nas escolas, esse movimento ainda não alcançou maiores impactos. As atividades ocorrem de uma forma mais geral nas campanhas de recolhimento e reciclagem de lixo e limpeza de rios. Nesse contexto, a educação ambiental, dentro das diversas vertentes do ecologismo, deve trabalhar a pluralidade e a diversidade do envolvimento sociopolítico, buscando alternativas que sejam ambientalmente sadias e socialmente justas. Por outro lado, faz-se necessário um aprofundamento das questões políticas mobilizadas pelos movimentos ecológico, indígena, das mulheres, dos negros etc., o que pode gerar ações coletivas com maior potencial na organização da educação ambiental por esses atores sociais marginalizados. Por fim, a educação ambiental deve construir as mais variadas formas de organizações e concepções, nos diversos campos em disputa, pois além de imbricar questões mais diversas, tem como pano de fundo a discussão e a conscientização de um novo reordenamento social.* L. I. V. T.

*Aproximadamente 60% do território da região da Bacia Hidrográfica do Taquari-Antas está destinado ao cultivo agrícola, principalmente à pequena propriedade rural. Temos aí um contraste bem grande entre a "zona alta" e a "zona baixa". A primeira foi basicamente colonizada por italianos e alemães e comporta pequenas propriedades com maior diversidade de culturas agrícolas (soja, milho, fumo, arroz, trigo, feijão, citrus, uvas, nozes, erva-mate, batata, mandioca, criação de suínos, bovinos caprinos, aves de corte e poedeiras); a segunda com propriedades maiores e pouca diversidade de cultivos agríco-*

*las. Neste contexto, está bastante presente a criação de gado, o cultivo de arroz e a citricultura.*

*Nessa região, o êxodo rural foi intenso. A partir da industrialização, houve o abandono da propriedade rural que, por um lado, trouxe de volta muitas espécies que se julgava extintas, por outro, trouxe o empobrecimento e a marginalização daqueles que achavam que a "fábrica" lhes daria o sustento. A atual política agrícola do estado fez com que muitas famílias retornassem à agricultura familiar, diversificando as propriedades, apostando lentamente na agroecologia e nos agronegócios. Mas ainda é forte a monocultura do milho, de soja e de fumo, em que estão à frente empresas que utilizam o solo para cultivo de milho na produção de sementes. Nesses cultivos, não se isentam as plantas do uso de herbicidas e outros cidas mais. As práticas de confinamento de aves, suínos, bovinos e criação leiteira têm surtido grande impacto ambiental, quando os dejetos não são tratados de maneira correta, contaminando córregos, riachos, fontes de água, pois as políticas ambientais não são prioridade. As políticas agrícolas e ambientais nos municípios não auxiliam os agricultores a solucionar os altos impactos ambientais da indústria agrícola. As escolas rurais, em conjunto com a Emater, construíram seus regimentos e planos de estudo a partir do resgate histórico, através da pesquisa participante que tem apontado para aspectos que hoje mobilizam as comunidades para práticas agroecológicas, diversificação da propriedade, resgate de sementes criolas, organização de cooperativas e agroindústrias que dão aos agricultores mais opções e autonomia para se manterem no campo. Os Encontros de Educação Básica do Campo (escolas rurais) vêm cada vez mais fortalecer as comunidades e os professores na troca de experiências em práticas cotidianas.* L. M. S.

Um dos maiores problemas de Bento Gonçalves é o acúmulo de resíduos industriais, em parte já resolvido. Um grupo de empresários conseguiu concretizar um projeto arrojado – Proam – que é um local de armazenamento de resíduos in-

*dustriais. Mais de 50% das empresas são associadas. São vários os pavilhões que abrigam esses resíduos conforme sua classificação. Os pavilhões foram construídos em local apropriado e resistem a qualquer teste de contaminação ambiental. As demais empresas mantêm o próprio armazenamento, mas falta mais fiscalização. O rio das Antas é o maior da região (20 km de Bento Gonçalves) e vai abrigar três usinas hidroelétricas. Existem movimentos resistentes à construção, pois faltam esclarecimentos quanto ao impacto local e à qualidade da água represa, uma vez que cidades vizinhas, como Caxias do Sul, não possuem projetos como o Proamb e poluem esse rio com resíduos industriais.* C. T. C. M.

*O solo do nosso município (Getúlio Vargas, localizado na região do Alto Uruguai, ao norte do Rio Grande do Sul, entre as cidades de Passo Fundo e Erechim) é suscetível à erosão, geralmente bem drenado e com algumas restrições ao uso agrícola, devido, principalmente, por sua pouca profundidade. Os agricultores fazem o uso do plantio direto e rotação de culturas para melhorar a produtividade e conservar o solo. Nossa grande preocupação é quanto ao plantio de soja transgênica, que vem aumentando consideravelmente nos últimos anos, mesmo que o governo estadual tenha proibido o plantio. Muito se tem trabalhado nas escolas tentando conscientizar para que não se plante, mas esse é um trabalho com resultado demorado. Nosso principal desafio é rever algumas questões pedagógicas e burocráticas que entravam o bom desempenho das atividades educativas. Para isso, participamos da Constituinte Escolar, contribuindo para que essas mudanças sejam possíveis de realizar. Elaboramos o regimento escolar e estamos fazendo planos de estudo. A comunidade escolar é composta de 120 famílias de baixa situação econômica. Os pais, em sua maioria, estudaram até a 4ª série, e tem alguns que são analfabetos. Os alunos estudam num turno e, no outro, auxiliam os pais na agricultura. O Conselho Escolar é uma instituição importante na escola. Ajuda nas decisões financeiras, sendo que juntos decidem o que é feito com o dinheiro de repasse do Projeto Mãos Dadas e de outras verbas que a escola recebe. Fiscaliza as questões administrativas e pedagógicas, recorre às autoridades superiores para resolver problemas em que não se julgar competente. Divulga, através de reuniões, as aplicações feitas com os recursos financeiros recebidos da Secretaria de Educação e colhe sugestões dos pais. As compras feitas pelo repasse são afixadas em um quadro mural, para que todos possam saber o que foi adquirido. Quando o dinheiro é liberado do repasse trimestral, o Conselho escolar se reúne e decide o que será comprado, de acordo com as necessidades mais urgentes e de acordo com as normas recebidas. Todos os segmentos da comunidade escolar estão representados no Conselho Escolar. A eleição dos representantes é realizada a cada dois anos, por segmento, com votação direta e secreta através de chapas.* L. A. R.

*Entre as várias discussões que mobilizam a região do comitê de bacia do rio Santa Maria, uma delas foi a poda de árvores na rua Silveira Martins, em Santana do Livramento. São acácias centenárias que formam um túnel verde belíssimo, mas que a cada chuva suas folhas entopem os bueiros e as calhas das casas. Os galhos quebrados caem sobre a rede elétrica, entre outros transtornos provocados pelo envelhecimento das árvores. Mobilizam-se os ambientalistas defendendo a não-poda. Já a PM, a Companhia de Energia e o Ibama defenderam a poda com o apoio da maioria dos membros do Conselho Municipal de Meio Ambiente. Hoje todas as árvores estão podadas, e continua a discussão. Uns dizem que se cometeu um crime ecológico, outros dizem que houve exagero na poda, com cortes profundos demais, mas que a poda era necessária. Outros defendem a idéia de que o trabalho foi bem-feito. De qualquer forma, a rua Silveira Martins não é mais a mesma...* J. N. C.

# Referências bibliográficas

AGENDA 21. Disponível em: <http://www.mma.gov.br/index.php?ido=conteudo.monta &idEstrutura=18&idConteudo= 575>. Acesso em: 11 mar. 2007.

ALBA, Alicia (Comp.). *Posmodernidad y educación*. 2. ed. México: Unam/esu, 2004.

ANEA. La academia nacional de educacion ambiental ante el decenio de las naciones unidas de la educación para el desarollo sustentable. *Tópicos en Educación Ambiental*, v. 5, n. 13, p. 93-95, abr. 2003.

ANPED. Cultura, culturas e educação. *Revista Brasileira de Educação*, maio/ago., n. 23, 2003. (Número especial editado por Marisa Vorraber Costa).

ARAUJO, José Mariano Klautau de; LIMA, Dula Maria Bueno de. Escola bosque do Amapá: educação ambiental para o desenvolvimento sustentável. In: NOAL, Fernando Oliveira; BARCELOS, Valdo Hermes de Lima (Orgs.). *Educação ambiental e cidadania*: cenários brasileiros. Santa Cruz do Sul: Edunisc, 2003, p. 169-200.

ARRUDA, Ângela (Org.). *Representando a alteridade*. Petrópolis: Vozes, 1998.

BAETENS, Jan; LAMBERT, José (Eds.). *The Future of cultural studies*: essays in honour of Joris Vlasselaers. Leuven: Catholic University of Leuven Press, 2000.

BARCHI, Rodrigo. *As pichações nas escolas*: uma análise sob a perspectiva da educação ambiental libertária. Dissertação (Mestrado em Educação), Universidade de Sorocaba, 2006.

_____. Dias quentes, noites longas: educação ambiental no Fórum Social Mundial – 2002. *Quaestio – Revista de Estudos da Educação*, v. 6, n. 1, p. 101-116, 2004.

BENJAMIN, Walter. *Rua de mão única*. São Paulo: Brasiliense, 1987.

BIOPIRATARIA. Disponível em: <http://www.amazonlink.org/biopirataria/biopirataria_faq.htm>. Acesso em: 11 mar. 2007.

BOLFE, Ana Paula Fraga. *Educação na floresta*: uma construção participativa de sistemas agroflorestais sucessionais em Japaratuba, Sergipe. Dissertação (Mestrado em Desenvolvimento e Meio Ambiente), Universidade Federal de Sergipe, 2004.

BONFANTI, Maria Celina de Barros Mercúrio. *Alinhavando*: um estudo sobre as representações de meio ambiente desconstruídas através de práticas sociais, pedagógicas e artísticas. Dissertação (Mestrado em Educação), Universidade de Sorocaba, 2005.

BOVO, Sheila Katzer. *As representações sociais sobre os/as portadores de deficiência na escola*. Dissertação (Mestrado em Educação), Universidade de Sorocaba, 2003.

BRASIL. Lei n. 10.257, de 10 de julho de 2001. Regulamenta os arts. 182 e 183 da Constituição Federal, estabelece diretrizes gerais da política urbana e dá outras providências. *Presidência da República. Casa Civil. Subchefia para Assuntos Jurídicos*. Brasília, DF, 10 jul. 2001. Disponível em: < http://www.planalto.gov.br/ccivil_03/LEIS/LEIS_2001/L10257.htm >. Acesso em: 11 mar. 2007.

BRASIL. Lei n. 11.105, de 24 de março de 2005. Regulamenta os incisos II, IV e V do § 1º do art. 225 da Constituição Federal, estabelece normas de segurança e mecanismos de fiscalização de atividades que envolvam organismos geneticamente modificados – OGM e seus derivados, cria o Conselho Nacional de Biossegurança – CNBS, reestrutura a Comissão Técnica Nacional de Biossegurança – CTNBio, dispõe sobre a Política Nacional de Biossegurança – PNB, revoga a Lei n. 8.974, de 5 de janeiro de

1995, e a Medida Provisória n. 2.191-9, de 23 de agosto de 2001, e os arts. 5º, 6º, 7º, 8º, 9º, 10 e 16 da Lei n. 10.814, de 15 de dezembro de 2003, e dá outras providências. *Presidência da República. Casa Civil. Subchefia para Assuntos Jurídicos*. Brasília, DF, 24 mar. 2005. Disponível em: <http://www.planalto.gov.br/ccivil_03/_Ato2004-2006/2005/Lei/L11105.htm>. Acesso em: 11 mar. 2007.

BRASIL. Lei n. 6.576, de 30 de setembro de 1978. Dispõe sobre a proibição do abate de açaizeiro em todo o território nacional e dá outras providências. *Senado Federal. Subsecretaria de Informações*. Brasília, DF, 30 set. 1978. Disponível em: <http://www6.senado.gov.br/legislacao/ListaPublicacoes.action?id=124870>. Acesso em: 11 mar. 2007.

BRASIL. Lei n. 9.433, de 8 de janeiro de 1997. Institui a Política Nacional de Recursos Hídricos, cria o Sistema Nacional de Gerenciamento de Recursos Hídricos, regulamenta o inciso XIX do art. 21 da Constituição Federal, e altera o art. 1º da Lei n. 8.001, de 13 de março de 1990, que modificou a Lei n. 7.990, de 28 de dezembro de 1989. *Presidência da República. Casa Civil. Subchefia para Assuntos Jurídicos*. Brasília, DF, 8 jan. 1997. Disponível em: <http://www.planalto.gov.br/ccivil_03/Leis/L9433.htm>. Acesso em: 11 mar. 2007.

BRASIL. Lei n. 9.974, de 6 de junho de 2000. Altera a Lei no 7.802, de 11 de julho de 1989, que dispõe sobre a pesquisa, a experimentação, a produção, a embalagem e rotulagem, o transporte, o armazenamento, a comercialização, a propaganda comercial, a utilização, a importação, a exportação, o destino final dos resíduos e embalagens, o registro, a classificação, o controle, a inspeção e a fiscalização de agrotóxicos, seus componentes e afins, e dá outras providências. *Presidência da República. Casa Civil. Subchefia para Assuntos Jurídicos*. Brasília, DF, 6 jun. 2000a. Disponível em: < http://www.planalto.gov.br/ccivil_03/Leis/L9974.htm>. Acesso em: 11 mar. 2007.

BRASIL. Lei n. 9.985, de 18 de julho de 2000. Regulamenta o art. 225, § 1º, incisos I, II, III e VII da Constituição Federal, institui o Sistema Nacional de Unidades de Conservação da Natureza e dá outras providências. *Presidência da República. Casa Civil. Subchefia para Assuntos Jurídicos*. Brasília, DF, 18 jul. 2000b. Disponível em: <http://www.planalto.gov.br/ccivil_03/Leis/L9985.htm>. Acesso em: 11 mar. 2007.

BROCKMEIER, Jens; CARBAUGH, Donal (Eds.). *Narrative and identity*: studies in autobiography, self and culture. Amsterdam/Philadelphia: John Benjamins Publishing Company, 2001.

BROCKMEIER, Jens; HARRÉ, Rom. Narrative: problems and promises of an alternative paradigm. In: BROCKMEIER, Jens; CARBAUGH, Donal (Eds.). *Narrative and identity*: studies in autobiography, self and culture. Amsterdam/Philadelphia: John Benjamins Publishing Company, 2001, p. 39-58.

BRUNER, Edward M. Ethnography as narrative. In: BRYMAN, Alan (Ed.). *Ethnography*, v. IV, Sage/London/Thousand: Oaks/New Delhi, 2001, p. 138-151.

BRUNER, Jerome. Life as narrative. *Social Research*, v. 71, n. 3, p. 691- 710, Fall, 2004.

_____. Self-making and world-making. In.: BROCHMEIER, Jens; CARBAUGH, Donal (Eds.). *Narrative and identity*: studies in autobiography, self and culture. Amsterdam/Philadelphia: John Benjamins Publishing Company, 2001, p. 25-38.

_____. The autobiographical process. In: FOLKENFLIK, Robert (Ed.). *The Culture of autobiography*: constructions of self-representation. Stanford: Stanford University Press, 1993, p. 38-56.

BRYMAN, Alan (Ed.). Introduction. In: BRYMAN, Alan (Ed.). *Ethnography*, v. I, Sage/London/ Thousand: Oaks/New Delhi, 2001.

CAPOBIANCO, João Paulo (Org.). *Biodiversidade na Amazônia brasileira*. São Paulo: Estação Liberdade/ Instituto Socioambiental, 2001.

CARDOSO, Íris Adriana Santoro. *Educação física e a educação ambiental*: uma possibilidade de diálogo através das práticas pedagógicas cotidianas com crianças. Dissertação (Mestrado em Educação), Universidade de Sorocaba,2007.

CARVALHO, Isabel Cristina Moura. Biografia, identidade e narrativa: elementos para uma análise hermenêutica. *Horizontes Antropológicos*, v. 9, n. 19, p. 283-302, jul. 2003.

CERTEAU, Michel de. *A invenção do cotidiano*: artes de fazer. Trad. Ephraim Ferreira Alves. Petrópolis: Vozes, 2001, v. 1

CLIFFORD, James. *A Experiência etnográfica*; antropologia e literatura no século XX. Organização e rev. da trad. de José Reinaldo Santos Gonçalves. Trad. de Patrícia Farias. Rio de Janeiro: Ed. da UFRJ, 1998.

COSTA, Fernando Braga da. *Homens invisíveis*: relatos de uma humilhação social. São Paulo: Globo, 2004.

DREYER, Lílian. *Sinfonia inacabada*: a vida de José Lutzenberger. Porto Alegre: Vidicom Audiovisuais Edições, 2004.

ESCOSTEGUY, Ana Carolina D. *Cartografia dos estudos culturais*: uma versão latino-americana. Belo Horizonte: Autêntica, 2001.

FARES, Josebel Akel (Org.). *Diversidade cultural*: temas e enfoques. Manaus: Unama, 2006.

FOLKENFLIK, Robert (Ed.). *The culture of autobiography*: constructions of self-representation. Stanford: Stanford University Press, 1993a.

_____. Introduction: the institution of autobiography. In: FOLKENFLIK, Robert (Ed.). *The Culture of autobiography*: constructions of self-representation. Stanford: Stanford University Press, 1993b, p. 1-20.

FREIRE, Paulo. *Pedagogia da autonomia*. São Paulo: Paz e Terra, 1997.

FROCHTENGARTEN, Fernando. *Memórias de vida, memórias de guerra*: um estudo psicossocial sobre o desenraizamento. São Paulo: Perspectiva/Fapesp, 2005.

GALLO, Silvio. *Deleuze e a educação*. Belo Horizonte: Autêntica, 2003.

GALVÃO, Cecília. Narrativas em educação. *Ciência e Educação*, v. 11, n. 2, p. 327-345, 2005.

GEERTZ, Clifford. Being there. In: BRYMAN, Alan (Ed.). *Ethnography*: volume IV. Sage, London: Thousand Oaks/ New Delhi, 2001, p. 297-311.

GEMAQUE, Irani do S. Freitas da C. A Inserção da educação ambiental no paradigma verde. In: CHAGAS, Marco Antonio (Org.). *Sustentabilidade e gestão ambiental no Amapá*: Saberes Tucujus; Macapá: Sema, 2002, p. 120-129.

GERMANO, Márcia Aparecida Luna Rodrigues. *Narrativas de idosos/as sobre a escola*: uma leitura freireana. Dissertação (Mestrado em Educação), Universidade de Sorocaba, 2006.

GONZÁLEZ-GAUDIANO, Edgar. *Encuesta latinoamericana y caribeña sobre la educación para el desarollo sustenible*. Trabalho apresentado na Conferência Internacional de Educação para o Desenvolvimento Sustentável, Universidade de Minho, Braga, Portugal, maio 2004. Disponível em: <http.anea.org.mx/docs/gonzalez-informe%20final.pdf>. Acesso em: 2 fev. 2007.

GUARESCHI, Neuza Maria de Fátima; BRUSCHI, Michel Euclides (Orgs.). *Psicologia social nos estudos culturais*: perspectivas e desafios para uma nova psicologia social. Petrópolis: Vozes, 2003.

GUIMARÃES, Leandro Belinaso; NOAL, Fernando Oliveira. El Movimiento ecologista em Rio Grande do Sul – Brasil: sus ideales educativos en la década de los setenta. *Tópicos en Educación Ambiental*, v. 3, n. 7, p. 22-29, abr. 2001.

HAESBAERT, Rogério. Fim dos territórios ou novas terrritorialidades?. In: LOPES, Luiz Paulo Moita; BASTOS, Líliana Cabral (Orgs.). *Identidades*: recortes multi e interdisciplinares. Campinas/Brasília: Mercado das Letras/CNPq, 2002, p. 29-52.

HALL, Stuart. *Da diáspora*: identidades e mediações culturais. Organizacão de Liv Sovik, tradução de Adelaine la Guardia Resende, Ana Carolina Escosteguy, Cláudia Álvares, Francisco Rüdiger, Sayonara Amaral. Belo Horizonte/Brasília: Editora da UFMG/Unesco, 2003.

HOLLANDA, Heloisa Buarque de. *Impressões de viagem*: CPC, vanguarda e desbunde 1960/1970. 5. ed. Rio de Janeiro: Aeroplano, 2004.

JODELET, Denise. *Loucuras e representações sociais*. Trad. de Lucy Guimarães. Petrópolis: Vozes, 2005.

JOZEF, Bella. (Auto)biografias: os territórios da memória e da história. In: LEENHARDT, Jacques; PESAVENTO, Sandra Jathay (Orgs.). *Discurso histórico e narrativa literária*. Campinas: Editora da Unicamp, 1998, p. 295-308.

KANAAN, Dany Al-Behy. *Escuta e subjetivação*: a escritura de pertencimento de Clarice Lispector. São Paulo: Casa do Psicólogo/Educ, 2002.

LANDIM, Maria Luiza P. F. *Ética e natureza no pensamento de Bergson*. Rio de Janeiro: Uapê, 2001.

LECOMPTE, Margaret D.; PREISSLE, Judith. Ethnography and qualitative design. In: WITH, Renata Tesch. *Educational research*. 2. ed. San Diego/London: Academic Press, 1993.

LEENHARDT, Jacques; PESAVENTO, Sandra Jathay (Orgs.). *Discurso histórico e narrativa literária*. Campinas: Editora da Unicamp, 1998.

LEVINSON, Bradley A. U., CADE SANDRA l, Padawer Ana, ELVIR, Patricia Ana (Eds.). *Ethography and edcuation policy across the Americas*. London: Praeger-Westport, 2002.

LIMA, Adriana Teixeira de. *A educação ambiental através da arte*: a contribuição de Frans Krajcbrg. Dissertação (Mestrado em Educação). Universidade de Sorocaba, 2007.

LOPES, Luiz Paulo Moita (Org.). *Discursos de identidades*: discurso como espaço de construção de gênero, sexualidade, raça, idade e profissão na escola e na família. Campinas: Mercado das Letras, 2003.

_____. Socioconstrucionismo: discurso e identidade social. In: LOPES, Luiz Paulo Moita (Org.). *Identidades fragmentadas*: a construção discursiva de raça, gênero e sexualidade em sala de aula. Campinas/ Mercado das Letras, 2002a, p. 13-38.

LOPES, Luis Paulo Moita; BASTOS, Liliana Cabral (Orgs.). *Identidades*: recortes multi e interdisciplinares. Campinas; Brasília: Mercado das Letras; CNPq, 2002b.

LOURO, Guacira Lopes. *Um corpo estranho*: ensaios sobre sexualidade e teoria queer. Belo Horizonte: Autêntica, 2004.

LORENZI, Harri; BACHER, Luis; LACERDA, Marco. *Frutas brasileiras e exóticas cultivadas*. São Paulo: Plantarum de Estudos da Flora, 2006.

MACEDO, Ronaldo Contó de. *Para além das quatros linhas*: as relações entre o futebol e o cotidiano escolar na construção da cidadania. Dissertação (Mestrado em Educação), Universidade de Sorocaba, 2006.

MARCHESE, Daniela. *Eu entro pela perna direita*: espaço, representação e identidade do seringueiro no Acre. Rio Branco: Edufac, 2005.

MATO, Daniel. Prácticas intelectuales latinoamericanas en cultura y poder: sobre la entrada en escena de la idéia de "estúdios culturales latinoamericanos" en un campo de prácticas más amplio, transdisciplinario, critico y contextualmente referido. *Revista Iberoamericana*, v. LXIX, n. 203, p. 389-400, abr./jun., 2003.

MATTOS, Luis Roberto Rodrigues de. *Políticas públicas e práticas pedagógicas cotidianas*: estudo de caso PCNs e Meio Ambiente em Sorocaba. Dissertação (Mestrado em Educação), Univeridade de Sorocaba, 2007.

MEDEIROS, Maria Lúcia. *Horizonte silencioso*. São Paulo: Boitempo, 2000.

MELLUCCI, Alberto. *A invenção do presente*: movimentos sociais nas sociedades complexas. Petrópolis: Vozes, 2001.

MISHLER, Elliot. G. Narrativa e identidade: a mão dupla do tempo. In: LOPES, Luis Paulo Moita; BASTOS, Liliana Cabral (Orgs.). *Identidades*: recortes multi e interdisciplinares. Campinas/Brasília: Mercado das Letras/CNPq, 2002, p. 97-119.

MONITORANDO a floresta amazônica. Disponível em: <http://sputnik.dpi.inpe.br:1910/col/dpi.inpe.br/lise/2002/06.12.13.16/doc/Pag-08.htm>. Acesso em: 11 mar. 2007.

MONTE, Nietta Lindenberg. *Escolas da floresta*: entre o passado oral e o presente letrado. Rio de Janeiro: Multiletra, 1996.

MOSCOVICI, Serge. *Representações sociais*: investigações em psicologia social. Editado em inglês por Gerald Duveen. Trad. Pedrinho A. Guareschi. Petrópolis: Vozes, 2003.

NAKAMAKI, Hirochika. Development of Amazônia and views of the environment of the madilha. *Proceedings of views of the environment in Asian countries*: their relationship to sustainable development. Asian-Pacific Center: The United Nations University; Fukuoka/Tokyo, 1997, p. 1-5.

NARDI, Henrique Caetano. *Ética, trabalho e subjetividade*. Porto Alegre: Editora da UFRGS, 2006.

NASCIMENTO, C. G. Escola família agrícola: uma resposta alternativa à educação do meio rural. *Revista da UFG*, v. 7, n. 01, jun. 2004. Disponível em: <http://www.proec.ufg.br/revista_ufg/agro/Q02_escola.html>. Acesso em: 11 mar. 2007.

NUNES, Benedito. *O tempo da narrativa*. 2. ed. São Paulo: Ática, 1995.

NUNES, Daiana Tobias. *A floresta e a escola*: as representações sobre a biodiversidade dos/das estudantes de farmácia". Dissertação (Mestrado em Educação). Universidade de Sorocaba, 2007.

OLIVEIRA, Inês Barbosa de. *Currículos praticados*: entre a regulação e a emancipação. Rio de Janeiro: DP&A, 2003.

OLIVEIRA, Inês Barbosa; ALVES, Nilda (Orgs.). *Pesquisa no/do cotidiano das escolas*: sobre redes de saberes. Rio de Janeiro: DP&A, 2001.

PAIS, José Machado. *Vida cotidiana*: enigmas e revelações. São Paulo: Cortez, 2001.

PELICIONI, Maria Cecília Focesi. Educação ambiental como processo político. In: PHILIPPI JR, Arlindo; ALVES, Alaôr Caffé (Eds.). *Curso interdisciplinar de direito ambiental*. Barueri/São Paulo: Manole/Nisan-USP, 2005, p. 133-159.

PEREIRA, Kátia Regina. *Cotidiano da Creche Sabiá*: ecologizando a educação infantil. Dissertação (Mestrado em Educação), Universidade de Sorocaba, 2004.

PHILLION, Joann; HE, Ming Fang; CONNELLY, F. Michael (Eds.). *Narrative & experience in multicultural education*. Sage/London/Thousands: Oaks/New Delhi, 2005.

PRADO, Adélia. *Filandras*. Rio de Janeiro/São Paulo: Record, 2002.

PRADO, Barbara Heliodora Soares do. *Educação ambiental e recuperação de matas ciliares na bacia hidrográfica do rio Capivari em Itapetininga-SP*. Dissertação (Mestrado em Educação), Universidade de Sorocaba, 2004.

PROJETO Lumiar. Disponível em: <https://200.181.15.9/publi_04/COLECAO/99MENS3F.HTM>. Acesso em: 11 mar. 2007.

REGO, Nelson; AIGNER, Carlos H. O.; PIRES, Cláudia Luisa Z.; LINDAU, Heloisa G. Ley (Orgs.). *Um Pouco do mundo cabe nas mãos*: geografizando em educação o local e o global. Porto Alegre: Editora da UFRGS, 2003.

REGO, Nelson; SUERTEGARAY, Dirce; HEIDRICH, Álvaro. O ensino da geografia como uma hermenêutica instauradora. In: REGO, Nelson; AIGNER, Carlos H. O.; PIRES, Cláudia Luisa Z.; LINDAU, Heloisa G. Ley (Orgs.). *Um Pouco do mundo cabe nas mãos*: geografizando em educação o local e o global. Porto Alegre: Editora da UFRGS, 2003, p. 169-193.

REIGOTA, Marcos. A educação ambiental frente ao esfacelamento da cidadania no governo Lula. *Simpósio Brasileiro de Pesquisa e Intercâmbio Científico da Associação Nacional de Pós-graduação em Psicologia, XI*. Florianópolis, 15 a 19 maio 2006.

_____. Sou neto do Tomé. In: CANDAU, Vera (Org.). *Cultura, linguagem e subjetividade no ensinar e aprender*. Rio de Janeiro: DP&A, 2002a, p. 111-134.

_____. *A floresta e a escola*: por uma educação ambiental pós-moderna. 3. ed. São Paulo: Cortez, 2002b.

_____. *Ecologistas*. Santa Cruz do Sul: Edunisc, 1999.

_____. *Iugoslávia*: registros de uma barbárie anunciada. Santa Cruz do Sul: Edunisc, 2001.

_____. *O que é educação ambiental*. São Paulo: Brasiliense, 1994.

REIGOTA, Marcos; ESMÉRIO, Milton (Orgs.). *Um olhar sobre a educação ambiental*. Porto Alegre: Secretaria Estadual de Educação, 2002c.

REIGOTA, Marcos; POSSAS, Raquel; RIBEIRO, Adalberto (Orgs.). *Trajetórias e narrativas através da educação ambiental*. Rio de Janeiro: DP&A, 2003.

RIBEIRO, Leodir Francisco. *Por entre corpos, vidas e culturas*: um encontro entre a Educação Física escolar e a Educação Ambiental. Dissertação (Mestrado em Educação), Universidade de Sorocaba, 2004.

RIO GRANDE DO SUL. Secretaria de Agricultura e Abastecimento. Transgênicos. Rio Grande do Sul: Secretaria de Agricultura e Abastecimento. 200?.

ROCKWELL, Elsie. Constructing diversity and civility in the United States and Latin America: implications for ethnographic educational research. In: LEVINSON, Bradley A. U. et al. (Eds.). *Ethnography and education policy across the Americas*. London/Westport: Praeger, 2002, p. 1-5.

RODRIGUES, Jeferson; CUNHA, Gisele da. Movimento nacional da luta antimanicomial. In. Seminário Nacional Movimentos Sociais, Participação e Democracia, II, 25 a 27 de abril de 2007. Florianópolis, SC. *Anais...* Florianópolis, SC: Núcleo de Pesquisa em Movimentos Sociais; Universidade Federal de Santa Catarina, 2007.

RODRIGUEZ, Luz. Populism and cultural studies: the great narrative of the Latin-American difference. In: BAETENS, Jan; LAMBERT, José (Eds.). *The future of cultural studies*: essays in honour of Joris Vlasselaers. Leuven: Catholic Univesity of Leuven Press, 2000, p. 123-136.

SANTIAGO, Silvano. *O cosmopolitismo do pobre*. Belo Horizonte: Editora da UFMG, 2004.

SANTOS, Boaventura de Sousa. *O Fórum Social Mundial*: manual de uso. São Paulo: Cortez, 2005.

SCHETTINO, Luiz Fernando; BRAGA, Geraldo Magela. *Agricultura familiar e sustentabilidade*. Vitória, Edição do autor, 2000.

SCHMIDT, Benito Bisso. Que brasileiros mereciam virar livro? *Zero Hora*, Porto Alegre, p. 4-5, 10 set. 2005.

SCHÖRNER, Ancelmo. Migração e memória: entre a pólvora e o bálsamo. *Blumenau em Cadernos*, tomo XLVI, n. 7. 8, p. 99-117, jul./ago. 2005.

_____. *O arco-íris encoberto*: Jaraguá do Sul, o trabalho e a história: operários, colonos-operários e faccionistas. Joinville: Oficina, 2000.

SEED. *A educação ambiental na construção da escola democrática e popular*. Porto Alegre: Secretaria Estadual de Educação, 2002.

SHANLEY, P.; MEDINA. G. *Frutíferas e plantas úteis na vida amazônica*. Belém: CIFOR, Imazon, 2005.

SILVA, Adilson Januário da. *A casa, a escola e as identidades dos/das educadores/as ambientais*. Dissertação (Mestrado em Educação), Universidade de Sorocaba, 2006.

SILVA, Alexandre de Freitas. *Narrativas ficcionais e discursos sobre a violência no cotidiano escolar*. Dissertação (Mestrado em Educação), Universidade de Sorocaba, 2004.

SILVA, Elaine Simões da; RODRIGUES, Karen Adami; SOUZA, Kenia Ribeiro de; BRUTTO, Maria Beatriz; ESMÉRIO, M. Política pública de educação ambiental da secretaria de estado da educação do Rio Grande do Sul. In: KINDEL, Eunice Aita Isaia; SILVA, Fabiano Weber; SAMMARCO, Yamina Micaela (Orgs.). *Educação ambiental*: vários olhares e várias práticas. Porto Alegre: Mediacão, 2004, p. 27-38.

SILVA, Silvestre. *Frutas no Brasil*. São Paulo: Editare, 2003.

SILVA, Tomaz Tadeu da (Org.). *O que são, afinal, estudos culturais?* Trad. do organizador. Belo Horizonte: Autêntica, 1999.

SPINK, Mary Jane Paris; SPINK, Peter (Orgs.). *Práticas cotidianas e a naturalização da desigualdade*: uma semana de noticias nos jornais. São Paulo: Cortez, 2006.

STURROCK, John. Theory versus autobiography. In: FOLKENFLIK, Robert (Ed.). *The culture of autobiography*: constructions of self-representation. Stanford: Stanford University Press, 1993, p. 21-37.

TEDESCO, João Carlos. *Paradigmas do cotidiano*: introdução à constituição de um campo de análise social. Santa Cruz do Sul: Edunisc, 1999.

THOMASHOW, Mitchell. *Ecological identity*: becoming a reflective environmentalist. Cambridge/London: Mit Press, 1995.

TOLEDO, Marleine Paula Marcondes e Ferreira. *Entre olhares e vozes*: foco narrativo e retórica em "Relato de um certo Oriente" de Milton Hatoum. Participação de Heliane Aparecida Monti Mathias. São Paulo: Nankin, 2004.

_____. *Milton Hatoum*: itinerário para um certo relato. São Paulo: Ateliê Editorial, 2006.

TOLEDO, Renata Ferraz. *Educação, saúde e meio ambiente*: uma pesquisa-ação no distrito de Iauretê do município de São Gabriel da Cachoeira-AM. Tese (Doutorado em Saúde Pública), Faculdade de Saúde Pública, Universidade de São Paulo, 2006.

TUDOR, Andrew. *Decoding culture*: theory and method in cultural studies. Sage/London/ Thousand: Oaks/New Delhi, 1999.

TYLER, Stephen A. Post-modern ethnography: from document of the ocult to ocult document. In: BRYMAN, Alan (Ed.). *Ethography*: v. IV. London/Thousand: Oaks/ New Delhi, 2001, p. 122-140.

VAINFAS, Ronaldo. *Micro-história*: os protagonistas anônimos da história. Rio de Janeiro: Campus, 2002.

VATTIMO, Gianni. *O fim da modernidade*: niilismo e hermenêutica na cultura pós-moderna. Trad. de Eduardo Brandão. São Paulo: Martins Fontes, 2002.

VIDOTO, Daniela Galvão. *Cultura e natureza na comunidade do quilombo de Sapatú – Eldorado (SP)*. Dissertação (Mestrado em Educação), Universidade de Sorocaba, 2006.

VILLANUEVA, Dario. Realidade y ficción: la paradoja de la autobiografía. In: ROMERA, José et al (Orgs.). *Escritura autobiográfica*: actas del II Seminário Internacional del Instituto de Semiótica Literária y Teatral. Madrid: Visor, 1992, p. 15-31.

WALFORD, Geoffrey. When policy moves fast, how long can ethnography take. In: LEVINSON, Bradley; CADE, Sandra; PADAWER, Ana; ELVIR, Patrícia Ana (Eds.). *Ethnography and education policy across the Americas*. Westport/London: Praeger, 2002, p. 23-28.

WILTERDINK, Nico A. The Sociogenesis of postmodernism. *European Journal of Sociology*, t. XLIII, n. 2, p. 190-216, 2002.

ZACCARIA, Silvia. *La Freccia e il fucile*: l'Amazzonia nelle mire della globalizzazione. Bologna: Editrice Missionária Italiana, 2003.

ZUBEN, Newton Aquiles von. *Bioética e tecnociências*: a saga de Prometeu e a esperança paradoxal. Bauru: Edusc, 2006.

_____. *Martin Buber*: cumplicidade e diálogo. Bauru: Edusc, 2003.

ZUMTHOR, Paul. *Escritura e nomadismo*: entrevistas e ensaios. Trad. de Jerusa Pires Ferreira e Sônia Queiroz. São Paulo: Ateliê, 2005

# Lista de siglas

Aecia – Associação de Agricultores Ecologistas de Antonio Prado e Ipê

Amcel – Amapá Florestal Celulose

Anpepp – Associação Nacional de Pesquisa e Pós-graduação em Psicologia

Apa – Área de Proteção Ambiental

Apae – Associação de Pais e Amigos dos Excepcionais

Carp – Cooperativa de Artesãos da Região do Pacuí

CCTAM – Centro de Ciência e Tecnologia Ambientais

CDT – Centro de Difusão e Tecnologias

Cecirs – Centro de Ciências do Rio Grande do Sul

Ceclimar – Centro de Estudos Limnológicos e Marinhos do Instituto de Biociências

Cetap – Centro de Tecnologias Alternativas Populares

CNPq – Conselho Nacional de Desenvolvimento Científico e Tecnológico

CNPT – Centro Nacional de Desenvolvimento das Populações Tradicionais

Coap – Cooperativa de Produtor de Farinha do Pacuí

Corsan – Companhia Riograndense de Saneamento

CRE – Coordenadoria Regional de Educação

Emater – Associação Rio-grandense de Empreendimentos de Assistência Técnica e Extensão Rural

FDLIST – Fórum de Desenvolvimento Local Integrado e Sustentável de Tartarugalzinho

Fepagro – Fundação Estadual de Pesquisa Agropecuária

Fepam – Fundação Estadual de Proteção Ambiental

Funai – Fundação Nacional do Índio

Ibama – Instituto Brasileiro do Meio Ambiente e dos Recursos Naturais Renováveis

Iepa – Instituto de Pesquisa Científica e Tecnológica do Amapá

Incra – Instituto Nacional de Colonização e Reforma Agrária

MMA – Ministério do Meio Ambiente

Mucuré – Associação das Mulheres da Região do Pacuí

NEA – Núcleo de Educação Ambiental

NEI – Núcleo de Educação Indígena

ONG – Organização Não-governamental

Patram – Patrulha Ambiental da Brigada

PCNs – Parâmetros Curriculares Nacionais

Proam – Instituto Brasileiro de Proteção Ambiental

Proamb – Fundação Bento-gonçalvense Pró-ambiente

Pronaf – Programa Nacional de Fortalecimento da Agricultura Familiar

PUC – Pontifícia Universidade Católica

Rurap – Instituto de Desenvolvimento Rural do Amapá

SAFs – Sistemas Agroflorestais

Seaf – Secretaria de Agricultura e Floresta

Senar – Sindicato dos Trabalhadores Rurais

SMEC – Secretaria Municipal de Educação e Cultura

UERGS – Universidade Estadual do Rio Grande do Sul

Unesco – Organização das Nações Unidas Para a Educação, a Ciência e a Cultura

Unisc – Universidade de Santa Cruz

Unisinos – Universidade do Vale do Rio dos Sinos

# As demais temáticas da série

**Volume 1**

Criar currículo no cotidiano
*organizadora: Nilda Alves*

**Volume 2**

Currículo: debates contemporâneos
*organizadoras: Alice Casimiro Lopes
e Elizabeth Macedo*

**Volume 3**

Práticas de memória docente
*organizadoras: Ana Chrystina Mignot
e Maria Teresa Santos Cunha*

**Volume 4**

Alternativas emancipatórias
em currículo
*organizadora: Inês Barbosa de Oliveira*

**Volume 5**

Escola, currículo e avaliação
*organizadora: Maria Teresa Esteban*

**Volume 6**

Cotidiano escolar, formação de professores
e currículo
*organizador: Carlos Eduardo Ferraço*

**Volume 7**

Análise de políticas de currículo em múltiplos
contextos
*organizadoras: Alice Casimiro Lopes
e Elisabeth Macedo*

**Volume 8**

Currículo e educação ambiental
*organizadores: Marcos Reigota e Bárbara H. S. do Prado*

Impressão e Acabamento
Editora Parma